_____ 드림

부동산
경매 & 공매
핵심 가이드

부동산
경매&공매
핵심 가이드

초판 1쇄 인쇄 2017년 6월 28일
초판 1쇄 발행 2017년 7월 5일

지은이 이명재

발행인 장상진
발행처 (주)경향비피
등록번호 제2012-000228호
등록일자 2012년 7월 2일

주소 서울시 영등포구 양평동 2가 37-1번지 동아프라임밸리 507-508호
전화 1644-5613 | **팩스** 02) 304-5613

ⓒ 이명재

ISBN 978-89-6952-178-1 03320

안전한 재테크 부동산 투자! 경매로 시작해서 공매로 성공하라!

부동산 경매 & 공매
핵심 가이드

이명재 **지음**

경향BP

안전한 경매·공매로
쉽게 수익을 내자

내 나이가 많은 편은 아니지만, 지금까지의 인생을 되돌아보면 크게 경매를 하기 전과 한 후로 나눌 수 있다. 경매를 하기 전에는 사업 실패와 직장 생활이라는 고단한 삶을 살았다. 어릴 때부터 부모님을 도와 시작했던 장사는 제법 벌이가 괜찮았으나 시간이 지날수록 어려워져 결국 외상값을 회수하지 못한 채로 접었다. 그 후 사업을 시작했는데 실패해서 어쩔 수 없이 직장 생활을 해야 했다.

서른이라는 나이에 특별한 경력이 없으니 할 수 있는 일이라곤 영업직밖에 없었다. 매일 달성해야 하는 매출 스트레스와 월말 마감으로 점점 몸이 지쳐갔다. 당시의 직장 생활을 떠올리면 머리가 아파온다.

이런 힘든 직장 생활 와중에 나는 부동산 경매 관련 저자, 강사, 변호사 등의 강의와 교육을 들으며 공부를 꾸준히 했다. 그러다가 직장 생활을 하며 한 달에 30만 원씩 3년 부은 적금으로 만든 돈 1,000만 원으로 경매를 시작했는데, 성공에 성공을 거듭하다 보니 어느새 이 일이 전업으로 바뀌었다. 현재는 많은 경험과 자료를 바탕으로 책도 쓰고, 입문자들을 위한 교육도 하고 있다.

경매는 직장 생활이나 개인 사업보다는 시간적으로 자유롭다. 정해진 날짜와 시간에 입찰이 진행되는 것 외에는 현장 조사부터 매도에 이르기까지 얼마든지 본인의 일정에 맞게 조절할 수 있다. 경매가 진행되는 과정을 들여다보면, 인터넷으로 경매 물건을 검색하고 원하는 물건을 선정하고는 현장 조사를 한두 번 나간다. 그리고 입찰 당일에 낙찰을 받으면 약 2주의 시간이 흐른 뒤 잔금 지급일이 정해지고, 잔금을 납부하고 명도를 마무리 지으면 매도를 하든, 세를 놓든 하면서 마무리된다.

이 일련의 과정에 드는 시간을 모두 합해도 일주일이면 충분하다. 특히 공매는 경매처럼 법원에 직접 가지 않고, 인터넷으로 입찰하고 입찰 보증금도 온라인으로 송금하면 된다. 주말에 현장 조사를 하고, 평일 저녁에 입찰하면 되니 직장인도 조금만 부지런을 떨면 충분히 도전할 수 있다.

요즘 나는 여유 시간이 많아 다른 사람들은 출근하는 아침에 운동하러 간다. 원래 운동을 좋아하지 않는 편이었는데 우연찮게 시작한 운동에 재미가 들어 지금은 중독이라 할 만큼 좋아하게 되었다. 한번 운동하러 가면 보통 3~4시간씩 하는데 일주일에 4~5번 정도 한다. 제법 많은 시간을 운동에 투자하고 있는데, 결국 이것도 경매를 하면서 시간의 여유가 많아서 가능해진 것이다.

틈틈이 강의하고 책 쓰는 시간도 갖는다. 이제 저자와 교육자라는 새로운 직함도 생겼다. 독서를 좋아하는 나는 경매를 시작할 때, 경매로 성공해서 꼭 책을 써야겠다는 생각으로 입찰하는 과정과 경험들을 사진과 글로 남겨놓았다. 나름 경매 경험도 제법 쌓이고, 법조문도 판독할 줄 알며 소송도 혼자 진행할 정도의 실력이 되니, 이 경험을 사람들에게 전하고 싶었다. 그래서 강의와 입문자 교육을 하고 있는데, 이때는 책에서 풀기 어려운 노하우들을 종종 얘기하곤 한다. 그랬더니 어느 날 한 수강생이 내게 물었다.

"선생님은 이런 비법을 왜 가르쳐주세요?"

"같이 부자가 되고 싶어서요."

나는 이렇게 웃으며 대답했다.

이 세상에 나 혼자만 알고 있는 사실은 없다고 생각한다. 내가 공개하지 않는다 하더라도 누군가는 알고 입찰할 것이며, 내가 항상 입찰할 때마다 낙찰받아 수익을 낼 수 있을 것이라고도 생각하지 않는다. 나와 인연을 맺은 사람들이 경매로 돈을 벌어 기쁨을 맛보고 내 덕분이라는 소리를 듣는 것만으로도 행복하다.

월급은 오르지 않고 물가는 계속 오르니 버는 돈보다 쓰는 돈이 더 많은 사람들이 늘고 있다. 그렇다고 직장이나 하는 일을 그만둘 수도 없다. 그래서 재테크는 선택이 아니라 필수가 되어가고 있다. 그 바람에 아무런 지식도 없이 남들이 하는 얘기만 듣고 투자하거나, 현실적으로 불가능한 좋은 조건을 내세우는 업체의 이야기에 솔깃해서 속는 사람이 많다. 이들은 그나마 어렵게 모았던 자본금을 날리고 고통 속에 헤맨다.

이런 험한 경우를 당하지 않고 재테크에 성공하기 위해서는 공부를 조금 할 필요가 있다. 많이 공부할 필요 없이 안전하고 쉽게 경매를 할 수 있을 정도만 공부해도 충분히 수익을 내고 자산을 불릴 수 있다. 이제 그 비법을 소개하겠다.

특히 이 책에서는 공매 투자법에 대해서도 다루었는데, 사실 나는 경매보다 공매를 선호한다. 공매는 경매보다 장점이 많으며, 특히 직장 생활이나 투잡을 원하는 사람들에게 최고의 재테크 방법이라 말할 수 있다. 나도 책으로 공매를 배우고 익혔지만, 대부분의 공매를 다루는 책은 너무 어렵고 양이 방대하다. 그래서 이 책에서는 쉽고 안전하게 공매로 수익을 내는 방법을 소개하려고 하니 잘 익혀서 더 쉽고 안전한 투자를 하기 바란다.

쉽고 안전하게 경매하는 7가지 방법

PART 02

경매의 핵심, 주택임대차보호법

PART 03

낙찰률·수익률을
2배 이상 높이자

PART 04

직장인이라면 경매보다
공매를 배워라

PART 05

경매하려면 꼭 알아두어야 할 것들

PART 06

PART 07

경매·공매 Q&A
이럴 땐 어떻게 할까?

일러두기

이 책에 사용된 경매물건 검색 화면은 '스피드옥션'을 이용하였으며,

지도는 '네이버', 공매는 '온비드'를 이용하였다.

PART
01

경매로 돈 벌기 힘들다?
경매라 돈 벌기 쉽다!

01
돈이 없으면
부동산 투자를 시작하라

우리 부모님은 정말 열심히 살았지만, 우리 집은 가난했다. 부모님은 열심히 일했지만 재테크를 몰랐으며, 특히 아버지는 일찍 돌아가신 할아버지를 대신하여 집안의 동생들을 돌보는 가장 역할까지 맡았다. 당시 갓난아기였던 막내 동생까지 업어 키우고 결혼까지 시키느라 본인의 재산은 모을 겨를조차 없었다. 그러니 당연히 집안 사정은 안 좋았고 내가 결혼할 때까지 사는 집 한 채 있는 것이 재산의 전부였다.

부모님에게 물려받은 재산도 없는 나는 설상가상으로 결혼 후 시작한 사업의 실패로 그나마 조금 모아놓았던 재산을 날리고 말았다. 그래서 쥐꼬리만한 월급을 받으며 직장 생활을 시작했다. 직장 생활을 몇 년 하는 동안 항상 생각했다. 어떻게 하면 가난을 대물림하지 않을지, 어떻게 하면 노후를 편안하게 보낼 수 있을지.

수년 동안 이에 관해서 공부하고 내가 선택한 해법은 부동산 투자였다. 엄밀히 말하면 부동산 경매 투자였다. 내가 처음 투자한 돈은 800만 원이었다. 직장 생활하며 30만 원씩 3년간 적금을 부어 만든 종자돈 1,000만 원으로 부동산 경매를 시작한 것이다. 이제는 이 일이 전업이 되어서 지금의 경매 투자와 함께 교육자, 작가의 길을 걷고 있다.

나는 젊을 때 부동산 투자로 크게 성공한 주변 사람의 무용담을 많이 들었다. 내가 어렸던 1980~90년대는 건설 경기가 호황이어서 전국 곳곳에 개발 붐이 일었고, 자기 명의의 토지가 있던 사람들은 흔히 말하는 대박이 났다. 졸부라는 말을 이때 무척이나 많이 들었다.

포도밭이 아파트로 변했고, 밭이 엑스포 부지로 개발됐으며, 여기저기 넓은 도로가 생겨나기 시작했다. 땅값은 수십, 수백 배로 뛰었고 수많은 졸부들이 탄생했다. 이런 기억이 많이 남아 있던 나는 부동산만이 가진 재산을 가장 효과적으로 불릴 수 있는 수단이라는 생각에 몇 년간 이 공부에 매진했다.

그러나 원래 가진 재산이 없어서 공부를 하면서도 과연 내가 부동산 투자를 할 수 있을지 항상 의구심이 들었다. 하지만 희망의 끈을 놓을 수는 없었다. 여러 부동산 투자법에 대해 공부하다가 소액으로도 부동산 투자가 가능하다는 사실을 알게 되었는데, 바로 경매였다.

경매 투자의 최대 장점은 소액으로도 투자가 가능하다는 것이다. 100만 원만 있어도 투자할 수 있다. 내가 경매 초보 시절에는 160만 원에 100평의 토지를 낙찰받아 연 600%에 달하는 수익을 낸 적도 있고,

1,000만 원 미만으로 투자하여 꽤 많은 수익을 낸 적도 있다. 아직도 소액으로 투자할 만한 물건이 널렸지만 예전처럼 많이 투자하지는 않는다. 이유는 부동산 자체의 금액이 클수록 경쟁자가 적고, 수익률이 적어도 수익 금액은 꽤 크기 때문에 이제는 그쪽을 선호하게 되었기 때문이다.

내가 예전에 그랬듯이 요즘도 누구나 돈이 조금 밖에 없어도 부동산 투자를 시작할 수 있다. 중요한 것은 공부와 실행력이다. 공부하면 길이 보이고, 길이 보이면 실행하면 된다. 가진 돈이 아예 없다면 종잣돈만 만들자. 2~3년만 고생해서 1,000만 원 정도만 만들고 시작하면 된다. 더 소액으로도 투자가 가능하지만, 종잣돈이 크면 클수록 선택할 수 있는 물건이 많아지며, 부동산 가격이 비싼 물건일수록 돈이 부족한 사람들은 투자하지 못하므로 경쟁자가 줄어드는 이점이 있다.

그러니 최소한의 자본금을 죽기 살기로 모아라. 그런 후 시작하면 된다. 몇 년간만 고생하면 된다. 이마저도 못한다면 그 어떤 투자를 해도 성공할 수 없다는 것을 명심해야 한다.

자본금이 점점 불어나면 이제 투자 폭을 넓힐 수 있다. 주택 임대 사업, 주택 재건축·재개발, 부동산 매매업 등 선택의 폭이 넓어지니 투자하기에 좋은 여건이 된다. 다시 한 번 말하지만 돈이 없어서 부동산 투자를 못하는 것이 아니다. 하고자 하는 의지만 있다면 방법을 찾을 수 있다.

02
최고의 부동산 투자법은
경매·공매다

　물가는 해마다 오르는데, 월급은 제자리다. 지금 좋은 직장을 다니는 사람들도 언제 직장을 그만두게 될지 모르니, 취업을 하는 순간 은퇴를 걱정하는 웃지 못할 상황이 되었다. 직장을 그만두고 개인 사업을 하려 해도 돈이 많이 필요하며, 그나마 들어오는 수입마저 없어질까 두렵다. 이제 재테크는 선택이 아니라 필수가 된 것이다.

　월급만으로는 가계부에 마이너스의 숫자가 계속 늘어나게 된다. 그래서 모두들 주식과 부동산에 투자를 한다. 노후를 위해서 무엇인가 하지 않으면 안 되기에 매일 재테크를 생각한다. 재테크 수단에는 여러 가지가 있는데 단연코 부동산 투자가 좋다. 그중에서도 부동산 경매가 최고라 감히 말할 수 있다. 왜 그런지 알아보자.

부동산 경매는 소유자가 돈을 제때 갚지 못해 강제로 처분되는 절차를 말한다. 경매는 민주주의 사회에서 반드시 필요한 제도이다. 서로 자유롭게 돈을 빌리고 갚는 활동을 할 때, 채무자가 이자나 원금을 갚는 행위를 온전히 이행하지 않으면 최후의 수단으로 경매를 사용한다.

만약에 경매 제도가 없다면 돈을 빌려준 채권자는 어떻게 돈을 회수할 것인가? 소유한 부동산이 경매에 처해지는 소유자에게는 안타까운 일이지만 채권자 입장에서는 하루라도 빨리 채권을 회수하기 위해 경매를 신청하는 것이다.

만약 나라에 돈을 잘 갚지 못하는 채권이 많이 발생하게 되면 어떻게 될까? 이런 불량 채권이 많아지면 많아질수록 은행이나 개인은 자산 운용에 어려움을 겪을 것이다. 그래서 나라에서는 불량 채권이 조금이라도 더 빨리 해결되는 것이 나라 경제에 유익하다고 생각한다.

이런 이유로 경매에 참여하는 이들에게 특별한 혜택을 주는데, 이는 경매를 하지 않는 일반인들에게는 잘 알려져 있지 않다. 채무자로서는 빚 때문에 경매에 처해지는데, 방송이나 언론에서 혜택을 주니까 경매에 참여해서 매입하라고 광고할 수는 없는 노릇 아니겠는가?

그렇다면 경매로 부동산을 매입하면 어떤 점이 좋을까?

첫째, 담보 대출이 일반 매매보다 조금 더 자유롭다. 이는 경매의 가장 큰 장점으로 주택을 기준으로 볼 때, 일반 매매로 부동산을 매입하면 보통 시세의 50~60% 정도가 주택을 담보로 대출받을 수 있는 최대 금액이다. 그러나 경매로 매입을 하면 낙찰가의 70~80%까지 대출이 가능하다.

예로 1억 원짜리 아파트를 매입한다면 일반 매매는 세금 및 부수적인 비용은 제외하더라도 최소 4,000만 원 이상이 필요하지만, 경매로 1억 원짜리 아파트를 매입한다면 최소 2,000만 원만 있으면 투자가 가능하다.

특히 2,000~3,000만 원 정도의 소액 아파트(지방에는 소액 아파트가 많다.)는 일반 은행에선 대출을 잘 해주지 않지만, 경매로 매입하면 이 역시 낙찰가의 80% 정도까지 대출이 가능하다. 이런 특혜는 자금 운용에서 운신의 폭을 넓혀주고, 선택의 기회도 더 늘려주며 기회비용 효과도 상승시킨다.

둘째, 토지 거래 허가 구역의 토지를 낙찰받으면 허가를 받지 않아도 된다. 토지 거래 허가 구역이란 말 그대로 토지 거래를 하려면 허가를 받아야 하는 구역이라는 말이다. 그럼 토지 거래 허가 구역으로 지정된 토지는 투자 가치가 좋은 토지일까 나쁜 토지일까? 이 구역으로 지정된 토지는 물론 좋은 토지이다. 가치가 있으니까 사람들이 사고팔며 난개발로 국토가 훼손될 것이 염려되어 지정한 것이기 때문이다. 그래서 토지 거래 허가 구역으로 지정된 토지를 매매할 때 매수자는 거래 허가 신청서를 제출해야 하며 자금 조달 계획서도 함께 제출해야 한다.

예를 들어 2억 원에 토지 거래 허가 구역의 토지를 매수하려 한다면, 2억 원을 어떻게 준비할 것인지 서류를 작성해야 한다는 뜻이다. 만약 신청서와 자금 조달 계획서를 제출했는데 구청에서 허가가 나지 않으면 사고 싶어도 못 산다. 그러나 경매로 토지 거래 허가 구역을 매입하게 되면 허가를 받은 것으로 간주한다. 즉 낙찰 대금만 납부하면 허가를 받지 않아도 소유권을 취득할 수 있다.

종합검색	차량/선박검색	집합)주거용 85㎡이하	용도별검색	금액별검색	신건검색	유찰횟수검색	매각결과검색

▣ 본원전체 지원전체　총 865건 (2017.03.21~2017.06.21)　　▤ 상세용도열기　▤ 상세용도닫기

▣ 법원	본원선택 ∨ 지원선택 ∨	▣ 사건번호	전체 ∨ 타경
▣ 소재지	선택 ∨ 구/군 선택 ∨ 동/읍 선택 ∨	▣ 간편검색	소재지/건물명칭
▣ 용도검색	전체 ∨ 복수검색	▣ 매각기일	2017-03-21 ~ 2017-06-21
▣ 감정가	최소 ∨ ~ 최대 ∨	▣ 최저가	최소 ∨ ~ 5백만원 ∨
▣ 건물면적	㎡ ~ ㎡	▣ 대지면적	㎡ ~ ㎡
▣ 유찰수	0 ∨ ~ 최대 ∨	▣ 경매결과	신행물건 ∨
▣ 정렬방식	성렬순서01 ∨ 성렬순서02 ∨	▣ 경매종류	선택 ∨
▣ 이해관계인	(예)국민은행 ○단어일치 ○단어포함(매각기일 3개월이내만 검색가능)		
▣ 토지이용계획	국계법에 따른 지역/지구 선택 ∨ 다른법령에 따른 지역/지구 (예)개발제한구역		

검색하기　검색초기화　자주쓰는검색

물건통계 전체보기
● 재진행(24건)　● 재매각(67건)　● 신건(106건)　● 유찰(668건)

용도통계 전체보기
● 아파트(4건)　　● 주택(12건)　　● 다세대(빌라)(2건)　● 오피스텔(주거)(1건)
● 상가(1건)　　　● 아파트상가(4건)　● 창고(6건)　　　● 상가(점포)(20건)
● 대지(52건)　　● 임야(135건)　　● 전(245건)　　　● 답(185건)
● 과수원(2건)　● 잡종지(2건)　　● 도로(35건)　　　● 구거(1건)
● 유지(4건)　　　● (1건)　　　　● 제방(3건)　　　● 하천(8건)
● 유원지(1건)　● 광천지(1건)　　● 축사(1건)　　　● 콘도(13건)
● 묘지(3건)　　　● 어업권(1건)　　● 농가관련시설(1건)　● 기타(2건)
● 승용자동차(82건)● 승합자동차(9건)● 화물자동차(9건)　● 중장비(2건)
● 차량기타(1건)　● 덤프트럭(1건)　● SUV(15건)

▌ 소액 경매 물건 검색 화면

　셋째, 경매 투자의 최대 장점은 소액으로도 가능하다는 것이다. 위의 표는 500만 원 미만으로 진행되는 경매 물건을 조회한 화면으로 800건이 넘는 매물이 진행되고 있음을 알 수 있다. 일반 부동산 투자는 최소 수천만 원에서 수억 원이 있어야 투자가 가능하지만 경매는 단돈 100만 원만 있어도 투자가 가능하다.

특히 토지 투자를 한다면 일반 매매로 매수하는 것보다 경매 투자가 더 유리하다. 일반적으로 토지 투자를 하고 싶다면 중개업소를 방문하여 투자하기 좋은 물건이 있는지 일일이 찾아다녀야 하지만, 경매 물건은 검색해보면 매각 물건으로 나온 토지가 많다. 이를 보고 투자하기 좋은 토지인지 아닌지, 미리 조사 후 좋은 토지를 매입할 수 있다. 무엇보다 500만 원 이하의 소액의 토지도 많으니 자본금이 적은 사람이 투자하기 안성맞춤이다.

내가 소액으로 경매를 시작할 수 있었던 점도, 단기로 투자가 가능했던 점도 이런 경매만의 이점들이 있었기 때문이다.

03
욕심을 다스리면
성공할 수 있다

"이 땅 어떤지 좀 봐주세요."

"왜 이런 땅을 사셨어요?"

"아니, 친하게 지내던 동생이 돈 많이 벌 수 있는 기회가 될 거라고 해서 샀죠."

"그 분도 투자하셨죠?"

"네, 자기가 먼저 사고 저를 소개시켜준 거예요."

"이 땅 사신 지 꽤 오래 됐겠네요?"

"한 15년 정도 됐죠."

"오랫동안 마음고생이 심하셨겠네요?"

"불면증 생겼어요. 이 땅 생각만 하면 속상해서……. 어떻게 해결할 방법이 없을까요?"

"제가 보기엔 마음을 비우셔야 할 것 같은데요. 아마, 사모님 자녀분들 세대에 가도 해결이 안 될 수 있습니다."

"해결할 수 없다는 말인가요?"

"그냥, 사모님 소유로 땅이 있다는 사실로 위안을 삼으셔야 할 것 같아요."

"팔지 못한다는 말이죠?"

"누가 이런 땅을 사겠어요? 남을 속여서 다시 사기로 팔지 않는 한……."

나는 경매 경험이 많고, 교육도 진행하다 보니 안타까운 사연을 많이 접한다. 한 고객이 경기도 경치 좋은 곳에 개발이 계획되어 사 놓으면 큰 돈을 벌 수 있다고 해서 매입한 땅을 알려주었다. 내가 살펴보니 그 토지는 경치가 무척 좋았지만 높은 산의 정상 부근이었다. 게다가 도로도 없는 맹지였다. 한마디로 개발이 거의 불가능한 땅이었다.

그에게 해당 토지에 가봤냐고 물으니, 가보지 않았다고 했다. 자신의 돈으로 부동산 투자를 하는데 제대로 알아보지도 않고 매수를 했다니 참으로 어이가 없는 일이었다. 부동산 투자는 최소 수백만 원에서 많게는 수억 원의 돈이 드는데, 이렇게 많은 돈을 투자하는데도 제대로 알아보지 않고 투자를 하는 사람이 생각보다 많다. 그들의 이야기를 들어보면 주변의 권유로, 부동산 업체에서 좋다고 하니, 분양 회사의 직원이 확답을 해서 투자를 했다고 한다.

얼마 전에 부동산 사기에 대한 기사가 떴다. 전형적인 돌려막기 사기였는데, 피해자의 대부분은 퇴직금을 몽땅 털어 넣은 고령 은퇴자들로 말도 안 되는 조건의 고수익 보장이란 말에 앞뒤 안 가리고 투자한 사람들이었다. 한 부동산 투자 회사가 연 20%에 해당하는 임대 수익 지불을 약속하고 투자자를 모집했다. 처음 몇 개월 동안 투자자들은 투자금의 20%에 해당하는 돈을 통장으로 받았다. 그러자 회사를 온전히 믿게 되었고 모든 돈을 끌어 모아 투자금으로 내놓았다. 여기에 한술 더 떠 주변 사람들에게도 권했다. 그렇게 해서 많은 사람이 투자를 했는데, 이 회사가 돌연 잠적했다. 이 회사는 실제 부동산 투자로 수익을 내서 수익금을 나눠준 것이 아니라 투자자들의 돈을 수익금으로 나눠주다가 제법 사람이 많이 모이자 회사 문을 닫고 잠적해버린 것이었다.

이런 사고들이 일어나는 이유는 사람들이 욕심을 크게 내서이다. 그들은 부동산 상품의 적정 수익률도 모르고, 부동산에 대한 아무런 지식도 없으며, 물건을 볼 줄도 모른다.

우선 투자를 하고 싶다면 투자하려는 부동산을 볼 줄 알아야 한다. 특히나 수익률의 경우 사람들이 쉽게 속는 부분인데, 현재 부동산 시장의 적정 임대 수익은 5~7% 정도로 본다. 부동산 투자를 하려는 사람들은 이 수익률에 민감하여 1%라도 높은 상품에 투자하려 물건 선정에 많이 신경을 쓴다.

이런 적정 수익률을 알고 있는 사람이 10% 이상의 수익을 보장하는 상품을 파는 사람들을 전적으로 믿을 수 있을까? 그런 사람은 판매하는 상품에 대해 더 철저히 조사해보고, 객관적으로 판단하기 위하여 노력할 것이다.

자신의 능력 밖의 것을 가지려 하면 탈이 나게 마련이다. 능력이 없다면 꿈도 꾸지 말라는 말이 아니다. 능력을 키우면 된다. 즉 자신이 투자하려는 부동산이 있다면 최소한의 지식을 겸비하고, 현장도 방문해보고 수익성도 충분히 검토해서 결정을 해야 한다는 말이다.

경매도 똑같다. 매각 물건을 입찰하려면 해당 물건의 기초적인 권리 분석은 할 줄 알아야 한다. 위장 임차인, 법정 지상권, 유치권, 선순위 가등기 등 특수 물건은 공부도 많이 해야 하며 조사도 철저히 해야 한다.

그런데 법원 입찰장에 가보면 가끔 황당한 일들을 목격한다. 입찰서 작성하는 방법도 모르고, 심지어는 사건 번호와 물건 번호가 무엇인지도 모른 채 입찰하려는 사람을 더러 봤다. 경매를 너무 쉽게 생각하고 있는 것이다. 경매도 손해를 볼 수 있다. 열심히 공부하고 철저히 조사하지 않으면 수익은커녕 부동산 사기처럼 손해를 볼 수도 있다.

아무것도 하지 않고 얻으려는 것은 욕심이다. 부동산 상품에 대해 모르고 투자하는 것 또한 욕심이다. 세상에 공짜로 얻는 것은 없다는 사실을 꼭 명심하기 바란다.

10년 전에도 경매로
돈 벌기 어렵다고 했다

"이 가격에 입찰하면 낙찰받을 수 있을까요?"

"원하는 수익률에 맞춰 입찰가를 선정하는 것이 중요하지."

"입찰가격을 조금 더 높게 쓸지 고민되네요."

개찰 결과가 나온 후에 후배에게 다시 전화가 걸려왔다.

"그래, 낙찰받았어?"

"아니오, 못 받았어요. 이 가격에 낙찰받으면 무슨 돈이 남는지 도대체 모르겠네요."

이 후배와는 몇 차례나 이와 비슷한 대화를 나누었다. 후배는 결국 대여섯 번 패찰만 경험한 후에 다시는 경매 얘기를 꺼내지 않게 되었다. 내 생각에 이 후배는 다시는 경매에 도전하지 않을 것 같다.

경매는 한 번 유찰되면 적게는 몇 백만 원에서 많게는 몇 억 원이 할인

되어 다음 회차에 다시 진행된다. 그러니 물건이 상대적으로 너무 저렴하다는 생각이 든다. 저렴하게 낙찰받아 수익을 내고 싶은데 현실은 저렴하게 낙찰되지 않으니, 이처럼 몇 번 도전하다 지쳐서 포기하는 사람이 대부분이다.

해마다 경매에 입문하는 사람의 수는 꽤 많다. 수많은 강의를 듣고, 책도 읽고 하면서 경매에 도전한다. 경매를 진행하는 법원에 가면 수많은 사람으로 발 디딜 틈조차 없다. 그럼 계속해서 경매인의 수는 늘어만 갈까? 그렇지 않다.

경매에 도전한 사람의 90% 정도는 1년을 버티지 못하고 그만두며, 나머지 10%도 3년을 못 버티고 경매 시장을 떠난다는 말이 있다. 그만큼 많이 도전하고 쉽게 포기하는 것이 경매 시장이다. 그 이유는 어디에 있는 것일까?

경매에 도전하는 과정을 보면 처음에는 쉽고 안전하며 보기에 좋은 물건에 투자한다. 이때 가장 만만한 부동산이 아파트나 다세대 주택인데, 문제는 자신처럼 생각하는 사람이 많다는 사실이다. 그러니 경쟁률은 높고 낙찰가는 올라가니 여러 번 입찰해도 낙찰이 잘 되지 않는다.

그렇게 몇 번의 시도 끝에 패찰하게 되면 경매 시장을 떠나기 시작한다. 여기서 떠나면 그나마 다행이다. 계속 패찰을 하게 되니 낙찰받고 싶은 조바심과 욕심으로 낙찰가를 높게 쓴다. 대부분 실거래가와 비슷하게 낙찰되는 물건들이 이런 사례이다. 그러고는 돈이 안 된다며 경매 시장을 떠난다. 또 일부는 권리 분석을 잘못하거나, 명도에 어려움을 겪거나,

예기치 못한 하자로 손해를 보고 경매 시장을 떠나기도 한다.

그런가 하면 일반 물건으로는 수익이 나지 않으니 특수 물건(지분, 유치권, 선순위 가등기 등)을 해야 한다는 말에 충분한 사전 지식도 없이 무작정 특수 물건에 뛰어들었다가 심신의 상처만 안고 떠나기도 한다. 그래서 입찰을 경험해보거나 낙찰을 받았으나 만족할 만한 수익을 내지 못한 사람들은 경매는 소문과 달리 돈이 되지 않는다며 경매 시장에서 등을 돌린다.

그러나 이런 사람들이 간과하는 사실이 있다. 세상에는 똑같은 업종으로 장사를 하더라도 누군가는 돈을 버는 반면, 못 벌고 고생만 하는 사람도 있다. 부동산 경매도 이와 똑같다. 모두에게 열린 시장이지만 누구는 항상 돈을 벌고 누구는 고생만 한다. 부동산 경기와는 상관없이 돈을 버는 사람들은 항상 존재한다. 성공한 사람들은 어떻게 성공할 수 있었는지 철저히 파악해서 자기에게 맞게 적용해야 성공할 수 있다.

나는 경매를 오랜 기간 해오며 나름 여러 가지 원칙을 세웠는데, 그중 하나가 물건을 고르는 요령이다. 이 책에서 나중에 다루겠지만 남들과는 다른 방법으로 물건을 고르고 입찰을 하기 때문에 평균 세 번에 한 번은 낙찰되며, 큰 수익이든 작은 수익이든 항상 만족할 만한 성과를 이뤄낸다. 물론 이렇게 되기까지 부단한 노력을 기울였다. 처음에 멘토를 따라다니면서 토지와 법정 지상권에 대해 공부할 때는 지금의 내가 이런 스타일로 투자를 하게 될지 몰랐다. 많은 시행착오와 끈기를 가지고 도전하다 보니 투자의 길이 보였고, 나만의 원칙과 방법을 적용하게 되었다.

다만 주의할 점은 몇 번의 시도만으로 이런 경지에 오를 수는 없다는 것이다. 경매 투자는 돈만 투자하면 성공하는 투자 방식이 아니다. 기본적인 법률도 공부해야 하며, 명도라는 사람을 상대해야 하는 과정을 거쳐야 하고, 매도까지 완료되어야 온전하게 수익으로 돌아온다. 오죽하면 경매는 부동산 투자 중 종합 예술이라는 말이 있겠는가?

경매는 소액으로 큰 수익을 낼 수 있는 투자는 맞지만, 무작정 덤빈다고 성공하는 것이 아니다. 공부와 경험, 노력이 쌓이면 자신만의 스타일이 생기고 투자는 훨씬 간결하고 쉬워진다.

'1만 시간의 법칙'이라는 말이 있다. 어느 분야든지 성공하려면 1만 시간을 노력해야 성공할 수 있다는 말인데, 대부분이 이를 간과하고 빠른 시간 안에 좋은 결과가 나오기만을 기다린다. 꾸준히 하는 것이 성공의 비결이다. 많이 접하다 보면 길이 보인다. 계속된 패찰로 사기가 떨어지고 지칠 때는 성공한 사람의 사례를 들여다보자.

앞선 사례와는 다르게 단 두 번의 입찰에 낙찰을 경험하고 제법 수익도 괜찮게 올려 나에게 조언해주어 고맙다며 맛있는 밥을 사준 선배도 있다. 이는 본인의 노력과 감각도 있었지만, 어떻게 투자해야 할지 많이 생각하고 실행한 결과라고 말할 수 있다. 성공의 비결은 공부, 그리고 도전과 끈기라는 사실을 잊지 말자. 내가 경매에 입문하던 10년 전에도 '경매로 돈 벌기 힘들다.'라는 말을 들었는데, 이 말은 10년이 지난 지금도 똑같이 회자되고 있다. 앞으로도 이 말은 계속 쓰일 것이다.

05
인맥이
곧 수익이다

나는 경매를 배우기 위해 무척 노력했다. 경매 초보 시절 5년간 읽은 부동산 관련 책이 100권에 달했으며 약 3년간 주말마다 대전에서 서울로 세미나와 강의를 들으러 다녔다. 또한 공인중개사 자격증을 취득하면 경매하는 데 도움이 될 줄 알고 약 2년 넘도록 직장에서 퇴근하면 공인중개사 공부에 몰두했다. 다행히도 공부에 지쳐갈 무렵 합격하여 자격증을 취득했지만, 생각과 달리 공인중개사 자격증은 경매하는 데 아무런 도움도 되지 않았고 특별히 필요하지도 않았다. 경매 교육을 하고 있는 지금의 나에게는 이때 익힌 지식이 크나큰 자산이지만 나처럼 교육을 할 사람이 아니라면 굳이 이렇게 많은 공부에 시간을 허비할 필요가 없다.

나는 안전하고 쉬운 경매를 추구한다. 내가 몇 년간 고생해보고 내린 나름의 생각은 '굳이 어렵고 힘든 투자를 할 필요가 없다.'는 것이다. 공부는 기초만 해도 된다. 굳이 배당 순서를 알 필요도 없다. 배당 순서가 문제가 되는 경우는 거의 대항력 있는 임차인이 있는 경우뿐이다.

대항력 없는 임차인 물건은 얼마든지 있다. 굳이 함정이 도사리는 대항력 있는 임차인 물건에 도전할 필요가 있을까? 대항력 없는 임차인 물건, 그것도 최우선 변제금을 받을 수 있는 임차인인지 정도만 판단할 수 있다면 투자의 안전성과 명도까지 쉽게 해결된다. 그러니 너무 많은 공부로 시간을 허비하지 말고 사람을 사귀는 데 더 많은 시간을 투자하라.

경매를 공부해본 사람은 입찰과 낙찰의 두려움에 대해 알 것이다. 초보 시절엔 공부를 아무리 많이 해도 입찰만 하려 하면 모든 것이 마음에 걸린다. 분명 쉽고 아무것도 아닌 사항 같은데도, 자신의 생각이 맞는지 확인하고 싶어진다. 책을 보고 자신의 생각이 맞더라도 꼭 전문가라고 생각하는 누군가의 확답이 있어야만 안심이 된다. 그래서 나는 100권의 책보다 한 명의 멘토가 더 중요하다고 말한다.

초보 시절에 나는 오랜 시간 공부하고 인터넷 카페에 가입하여 모임을 가지면서 사람을 많이 알게 되었다. 그중 매우 긍정적인 마인드와 여느 사람과는 다른 시각을 가진 사람이 나의 멘토가 되어주었다.

"형님, 이 사건을 보니 근저당 이후 임차인이 전입했으니 대항력이 없는 것이 맞지요?"

"맞아. 최선순위 근저당보다 늦으니 대항력이 없지."

"그럼, 배당 여부에 상관없이 집을 비워줘야 하네요?"

"맞아."

"그리고 조사 내역에 미납 관리비가 60만 원이라 되어 있던데, 이 금액 중 공용 부분만 인수하면 된다고 생각하면 되지요?"

"60만 원이 공용 부분에 관한 금액이면 전부를, 전용 부분과 포함된 내용이면 납부해야 할 금액이 조금은 줄어들겠지."

"보니까 소액 임차인이던데 최우선 변제금이 1,400만 원 맞지요?"

"근저당 설정일과 지역을 보니 1,400만 원이 맞네. 최우선 변제금을 받으려면 낙찰자의 명도 확인서가 필요하니 명도도 조금은 쉬울 테고."

"그럼, 아무 문제도 없는 평범한 물건이네요?"

"그래, 싸게만 낙찰받으면 좋은 수익이 날 수 있겠는데? 시세 조사를 한번 잘해봐."

경매를 조금이라도 공부한 사람들은 나의 질문이 상당히 기초적인 내용이라는 것을 알 것이다. 이런 아주 초보적인 질문에도 나의 멘토는 항상 친절히 설명해주었고, 100만 원만 있어도 경매를 할 수 있다는 희망을 주었다. 그 덕분에 나는 소액으로 경매를 시작할 수 있었다.

나는 오랜 시간 공부한 것과 만나 본 많은 사람 중에서 딱 이 한 사람 덕분에 경매를 할 수 있었다. 멘토를 열심히 따라다니며 그에게 미안할 정도로 질문을 많이 했기 때문에 법원에 입찰서를 제출하러 다닌 지 2개월 만에 낙찰의 기쁨을 맛보았다. 첫 낙찰에 연 26%의 임대 수익이 나는 아파트를 낙찰받았다.

이렇듯 경매 공부에서 멘토의 역할이 정말 중요하기 때문에 나는 경매를 시작하려는 사람들에게 항상 말한다. 공부를 많이 하는 것보다 긍정적인 마인드의 전문가를 옆에 두는 것이 훨씬 중요하다고 말이다.

　물론 인맥은 멘토만이 전부가 아니다. 멘토는 나와 같은 경매 투자자, 인테리어 업자, 부동산 중개업자 등 모두를 포함한다. 부동산 투자자라면 중개업자하고 친하게만 지내도 부자가 될 수 있다. 중개업자는 본인이 투자도 하지만 자본이 부족해서 직접 투자하기 어려운 물건은 주변에 투자할 수 있는 친한 사람에게 소개해준다. 시간이 흐를수록 자산으로 남는 것은 결국 사람임을 잊지 말자.

06
꼭 특수 물건을 해야
돈 되는 건 아니다

경매가 대중화되다 보니 전반적으로 경쟁률이 높아지고 있다. 경쟁률의 상승은 낙찰가를 높이는 결과로 이어진다. 사정이 이렇다 보니, 낙찰받기는 더 어렵고, 만족할 만큼 수익을 내지 못하는 경우가 많다. 여기에 대한 대책으로 많이 생각하는 것이 특수 물건이다.

일반 물건이 낙찰받고 잔금을 납부하면 등기부등본도 깔끔해지고, 특별한 절차 없이 모든 것이 마무리되는 것에 비해 특수 물건은 법정 지상권, 유치권, 선순위 가등기, 선순위 가처분, 위장 임차인 등 낙찰로 말소되지 않고 외형상 낙찰자가 인수해야 하는 권리가 있다.

특수 물건은 많은 수익을 얻을 수 있다. 단 인수해야 하는 권리가 있는 부동산을 낙찰받아 이들 문제를 해결해서 인수하지 않아도 되는 결과를 만들어내야 한다. 각종 서적이나 강의에서는 일반 물건으로는 낙찰도 받기 쉽지 않으며, 만족할 만한 수익이 발생하지 않으니, 특수 물건을 해야만 돈을 벌 수 있다고 말한다. 그러나 이런 고수익에는 고위험이 따른다는 사실은 전혀 말해주지 않는다.

나도 웬만한 특수 물건을 다 도전해보고 해결도 해봤지만, 주변 사람들에게는 절대로 특수 물건을 하지 말라고 충고한다. 물론 특수 물건처럼 포장된 쉬운 물건은 경쟁률이 낮고, 낙찰가도 일반 물건보다 저렴한 경우가 많으니 이런 경우는 입찰해도 된다고 말하지만, 진짜 권리가 살아 있는 특수 물건은 되도록 하지 말라고 당부한다.

대부분의 특수 물건은 협상이 최선의 해결 방법인데 협상이 원만히 이루어지지 않으면 결국엔 소송으로 가는 경우가 다반사이다. 소송이 뭐 별거냐고? 소송을 한 번이라도 해 본 사람이라면 쉽게 말하지 못할 것이다. 내가 왜 특수 물건을 되도록 하지 말라고 하는지는 내 경험을 보면 알 수 있다.

약 5년 전 나는 선순위 가등기가 있는 물건을 낙찰받았다. 물건의 실소유자는 가등기권자였지만, 자신의 딸 앞으로 소유권 등기를 해놓고 월세는 본인이 직접 수령했다. 돈 받을 채권자가 재판의 판결을 받아 강제 경매를 신청했고, 이 사실을 알게 된 내가 낙찰받았다. 7,000만 원의 시세였던 다세대 주택을 약 3,800만 원에 낙찰받았으니 무척 저렴하게 받은 것이었다. 원래 특수 물건은 은행에서 대출을 잘 해주지 않지만 위의 가등기는 허위이며, 쉽게 말소가 가능하다는 변호사의 의견서를 첨부하니

3,000만 원 정도 대출이 가능했다.(이 경우는 특별한 사례이고 일반적으로 특수 물건은 대출이 거의 불가능하니 특수 물건에 입찰하려면 입찰 전에 반드시 대출 가능 여부를 확인하기 바란다.) 나는 이제 낙찰받았으니 선순위 가등기를 말소하고 시세대로 매도하면 큰 수익이 나리라 생각했다.

우리나라 등기법상 선순위 가등기를 말소하려면 2가지 방법이 있는데, 하나는 가등기권자의 말소 동의서를 제출하는 것이고, 다른 하나는 소송을 통해 선순위 가등기를 말소하라는 판결을 받는 것이다. 그런데 경매로 소유권을 잃게 된 가등기권자가 말소 동의서를 써줄까? 나는 99% 가등기 말소에 동의해주지 않을 것으로 생각했다. 그래서 변호사를 통해 소송을 진행하기로 했다.

"이 경우엔 쟁점이 워낙 명확하니 쉽게 끝날 수 있겠네요."

"시간은 얼마나 걸릴까요?"

"빠르면 3개월 안으로 판결날 수도 있어요."

"소송비용은 얼마나 되죠?"

"변호사 수임료는 최저 330만 원(부가세포함)이고, 그 외 소송 관련 비용이 들어갑니다."

"생각보다 돈이 많이 들겠네요?"

"소송에서 승소하면 상대방에게 소송비용을 청구할 수 있습니다. 승소 후에 청구하면 받을 수 있습니다."

"쉽게 판결이 날까요?"

"워낙 가등기권자가 실소유자라는 것이 명백하니 쉽게 해결될 겁니다."

쉽게 해결되어 많은 수익을 얻을 수 있겠다는 생각에 변호사와 변호 계약을 하고 돌아오는 길이 너무나 기뻤다. 그러나 이 생각이 몇 달 지나지 않아 점점 불안으로 바뀌기 시작했다. 상대방은 형사, 민사 소송을 몇 년째 진행해온 나름 베테랑이었다. 소송은 접수한 소장이 상대방에게 도달되어야 시작되는데, 가등기권자는 일부러 이를 피해 소송이 시작되는 데만 약 6개월이 걸렸다. 그리고 본격적으로 소송이 시작되었다. 그 결과 '1심 지방법원 패배, 2심 고등법원 승소, 3심 대법원 승소, 가등기 말소 판결'이 나왔다.

그렇게 장담하던 소송에서 1심은 패배했고, 약 2년이 넘는 시간이 걸려 대법원에서 승소를 확정지어 이제 가등기를 말소하고 매도하면 될 줄 알았다. 그런데 가등기 말소 서류를 접수하러 간 등기소에서 문제가 생겼다. 앞에서 말했듯 가등기를 압류한 사람이 판결을 받아 경매를 신청했는데, 이 경매 신청자의 가등기말소 동의서가 필요하다는 것이었다.

이 무슨 황당한 말인가? 경매 신청자는 가등기가 가짜라 주장하여 승소했고, 이를 근거로 경매 신청하여 배당까지 받았는데 무슨 말소 동의서가 필요하다는 말인가? 이에 항의를 했지만 등기소의 대답은 등기법상 가등기에 이해관계인인 권리자, 즉 이 경우에는 경매를 신청한 경매 신청권자의 동의가 없으면 말소가 되지 않는다고 했다. 이에 법률 구조 공단의 법률 자문을 받았다.(법률 구조 공단의 법률 자문 서비스는 무료이다. 법률적으로 궁금한 일이 있을 때 이용하면 좋다.)

"가등기 말소 소송에서 승소해서 말소하라는 판결을 받았는데, 가등기에 있는 가압류 때문에 말소가 안 된다고 하네요?"

"네. 가압류권자의 가등기 말소 동의서나 판결문이 있어야 합니다."

"가압류권자가 경매를 신청했고, 배당까지 받았는데요?"

"그래도 등기법상 규정이 그렇기 때문에 어쩔 수 없습니다."

"원래 등기법을 잘 아는 변호사는 이 사실을 알아서 가등기 말소 소송과 가등기 가압류 말소 소송을 함께 진행합니다. 그래야 시간과 비용을 절약할 수 있으니까요."

"그럼, 가압류권자의 가등기 말소 동의서가 있으면 가등기 말소가 가능하다는 얘기지요?"

"네."

"만약에 동의서를 써주지 않겠다고 하면요?"

"그럼, 가등기 말소에 동의하라는 소송을 진행해야죠."

"소송을 진행한다면 비용도 많이 들겠네요?"

"어려운 소송이 아니라 법무사를 통해서도 가능할 것 같은데, 그래도 100~150만 원 정도는 들지 않을까 싶은데요. 제 생각으로는 변호사의 실수도 있으니 이를 문제 삼아 이 소송을 해결해달라고 하시는 것이 좋을 것 같습니다."

상담 후에 이 내용을 가등기 말소 소송을 진행했던 변호사에게 얘기를 했더니, 말소 동의서를 받는 것이 최선의 방법이라고 했다. 만약에 소송으로 진행하면 가등기 말소 소송과는 별개의 사건이니 사건 수임료를 내야 한다며, 대신 저렴하게 해주겠다고 했다.

솔직히 실망과 함께 그동안의 신뢰가 무너지는 순간이었다. 가압류권자의 동의서를 받기 위해 몇 번을 찾아가고 메모도 남겨 놓았다. 동의서를 써주면 사례금을 준다고 제시도 했으나 결국 해결되지 않았다. 몇 년간 대법원까지 소송이 진행되는 동안 스스로 공부한 민사소송에 관한 지식으로 혼자서 가등기 가압류 말소 동의 소송을 진행했고, 1년여의 시간을 들여 승소했다.

결국 약 3년간의 긴 시간 동안 등기부등본을 말끔히 정리해서 매도했다. 그러나 그 사이 시세는 하락해 500만 원 저렴하게 매도해야 했으며, 3년간 대출이자만 300만 원이 넘었다.(특수 물건은 대출도 잘 해주지 않지만 만약 대출이 실행된다 하더라도 일반 물건보다 보통 2배 이상의 이율을 부담해야 한다.) 게다가 소송비용에 따르는 변호사 수임료와 경비 등으로 약 1,500만 원 가까이 지출했다. 하지만 법원에서 패소한 상대방에게 청구할 수 있는 금액은 고작 150만 원 정도로 인정됐다. 150만 원을 받기 위하여, 시간과 경비를 허비할 수는 없으니 그냥 포기할 수밖에 없었다.

3년의 소송으로 수익도 내지 못했고 만에 하나 패소했다면 수천만 원을 손해 볼 수도 있었다. 이래저래 오랜 시간 몸과 정신으로 겪은 피로감과 고통이 너무 컸다. 이래서 '소송에 승소해도 남는 것은 상처뿐인 영광'이라는 말이 생겨난 것이 아닐까 싶다.

물론 특수 물건을 무조건 하지 말라는 뜻은 아니다. 공부를 한 사람이라면 알 수 있는 특수 물건들은 철저히 조사 후 입찰을 고려해보는 것도 좋다. 또 시간적·물적 여유도 있고 법률적으로 지식이 뛰어난 사람이 있어서, 승소를 확신해 소송을 진행하여 큰 수익을 올릴 수 있다면 나름 도전해볼 만하다. 그러나 막연히 특수 물건을 하면 큰 수익이 돌아온다는 생각은 금물이다. 대부분의 특수 물건은 협상으로 해결해야 하는데, 해결되지 않는다면 소송으로 진행해야 하기 때문이다.

또한 수익을 내는 방법을 모르기 때문에 실행하지 못하는 것이지 경매로 수익을 내는 방법은 많다는 사실을 잊지 말기 바란다.

07
2만 원으로
최고의 스승을 만날 수 있다

나는 책을 정말 좋아한다. 퀴퀴한 책 냄새도 참 좋아한다. 서점, 도서관에만 가면 얼마나 오래 머무르는지 몇 시간이 금방 지나간다. 책이라는 물건에 너무 감사함을 느낀다. 흔히 말하는 가성비 최고의 제품이라는 생각이 든다.

지금도 책을 자주 읽는 편이지만 경매에 처음 입문할 때는 부동산 관련 책이 출간되면 출판사, 저자, 내용에 상관없이 무조건 구매했다. 그 당시 약 3년간 구매한 책이 100권이 넘는다. 지금 생각하면 약간 비효율적이기는 하지만, 책을 통해 정말 많은 것을 배웠다.

책은 저자의 오랜 경험과 노하우를 담은 교과서이다. 대개 책 한 권의 가격은 2만 원을 넘지 않지만, 가치는 몇 십 배나 높다. 내가 겪어야만 알 수 있는 일들을 저자의 경험으로 접하면서 시행착오를 줄일 수 있고 성공에 다가설 수 있다.

특히나 저자의 성공담은 나의 의지를 불태우는 데 큰 역할을 한다. 물론 책에 담을 수 있는 내용은 한계가 있다. 많은 정보를 기록하지만, 현장에서 필요한 노하우나 세부적인 내용을 모두 담을 수 없을뿐더러 정말 비싼 정보를 공개하기 힘든 것도 사실이다.

그러나 이런 점을 감안하더라도 2만 원으로 얻을 수 있는 지혜는 어느 상품도 따라올 수 없다.

초보 시절에 나는 경매책을 읽어보고 저자의 강연이 열리는 곳이면 대전에서 서울로 밤낮 없이 쫓아다녔다. 정규 강의도 듣고 많은 것을 배웠는데, 정규 강의를 들을지에 대한 선택도 책을 읽고 판단했다. 책을 읽으면 저자가 말하고자 하는 내용, 진행하는 교육에 대해 어느 정도 정보를 얻을 수 있으므로 무턱대고 아무 학원이나 선택하는 것보다는 유용하다. 내게 맞는 교육을 선택한 것이므로 학습 능력도 오르고, 더 열심히 배우게 된다.

실력이 향상될수록 새로운 것은 줄어들지만, 아무리 부실해 보이는 책도 내가 모르는 것을 최소한 하나는 담고 있다. 물론 많은 책보다 한 명의 멘토가 중요하지만, 경매의 기초를 다지는 데는 책만큼 좋은 것이 없다. 특히나 가진 돈이 없다면 책을 최대한 활용해야 한다.

책으로 공부하는 요령

1) 자기 수준에 맞는 내용의 책을 고른다

시중에 나와 있는 책의 종류는 너무도 많다. 초보자는 초보자에 맞는 책을, 고수는 고수에게 맞는 책을 골라야 한다. 초보가 어려운 책을 골라봐야 아무런 도움도 되지 않는다. 자신의 수준에 맞는 책을 고르자.

2) 새롭게 안 사실은 노트에 적어 둔다

책을 읽고 그냥 덮어두면 안 된다. 새롭게 안 내용이나 저자의 노하우는 따로 적어두고 필요할 때 꺼내보면 좋다. 여기저기 흩어진 정보를 모아 놓으면 필요할 때 찾는 시간과 수고를 줄일 수 있다.

3) 어려우면 가볍게 넘겨라

어느 책이고 어려운 부분이 있다. 특히나 경매는 법률 용어가 많고, 법적인 내용도 일반인이 알기에는 쉽지 않다. 이런 내용을 읽으면서 굳이 외우려고 힘들게 고생할 필요는 없다. 시간이 흐르고 내용이 쌓이면 점점 이해할 수 있게 된다. 내가 무턱대고 책을 많이 구매했을 때, 경매 중수 이상을 대상으로 쓴 책은 이해되지 않는 부분이 많았다. 그런데 시간이 흘러 우연히 그 책을 다시 보았는데 예전에는 이해가 안 됐던 부분이 경매를 하면서 경험도 쌓이고 공부도 하니 이해가 되었다.

당장은 몰라도 괜찮다. 시간이 흐르면 이해가 되는 순간이 분명 올 것이다. 조금 어렵게 느껴지는 책은 책장 한쪽에 보관했다가 실력이 조금 오르면 그때 다시 꺼내보자.

이 책도 되도록 쉽게 서술하려 노력했지만 경매 책을 처음 접하는 독자들은 3장의 '경매의 핵심, 주택임대차보호법' 부분이 어려울 수도 있다. 그럼 과감히 건너뛰고 끝까지 다 읽은 후에 다시 3장을 읽어 보라. 이렇게 하면 보다 효과적으로 공부할 수 있다.

4) 외우려 하지 말고, 자주 접해라

경매를 하려면 부동산 용어와 법률 용어를 많이 알아야 하는데, 초보 시절에 이를 다 외우려 하면 머리도 아프고 힘들다. 많이 접하면 저절로 익숙해지니 억지로 외우려 하지 마라. 자칫하면 용어에 지쳐 경매를 포기하고 싶어질 수 있다.

08
도전하는 자만이
삶을 바꿀 수 있다

"도전하는 사람만이 삶을 바꿀 수 있습니다."

내가 경매 강의를 시작하며 가장 많이 쓰는 말이다. 세상에는 세 부류의 사람이 있다. 여러분은 어디에 속하는 사람인가?

① 부러워만하고 아무런 행동도 취하지 않는 사람
② 배우기만 할 뿐 도전하지 않는 사람
③ 배우고 끊임없이 도전하는 사람

경매 강의를 하다 보면 위의 모든 사람을 접하게 된다.

첫째 부류는 절대 변하지 않는 대다수의 사람들이다. 그들은 항상 부러워만하고 아무 행동도 취하지 않기에 성장이 거기서 끝난다. 가끔은 성공이 다른 사람만이 가능한 일이라고 단정하고, 때로는 성공한 이들을 시기하기도 한다. '사촌이 땅을 사면 배가 아프다.'라는 말처럼 자신이 하지 못하는 것에 대한 질투로 나타나는 현상이다. 이 사람들은 삶도 바뀌지 않는다. 항상 현재의 그 자리에 머물러 있다.

둘째 배우기만 할 뿐 도전하지 않는 사람은 소수이긴 하지만 주변의 자극으로 배움에 투자를 하는 이들이다. 이들은 일시적인 마음이 일어나 배우지만, 시간과 돈의 여유가 없음을 핑계로 배운 것을 행동으로 옮기지 못한다. 여기에 해보지 못한 일에 대한 두려움까지 더해 배움을 죽은 지식으로 만든다.

이들도 변화하기가 쉽지 않다. 항상 새로운 이야기를 들으면 거기에 현혹되지만, 시간이 지나면 배우던 것은 묻어버리고 또 다른 새로운 것에 흥미를 가지고 다시 시작한다. 이 행동이 반복되다 보니 결국 시간이 흘러도 공부한 약간의 지식 외에는 남는 결과물이 없다.

셋째는 극소수이긴 하지만 배우고 끊임없이 도전하는 사람들이다. 이들은 모방과 창조를 좋아하는데, 새로운 사실을 알면 열심히 배우고, 이 배움을 토대로 끊임없이 도전한다. 실패와 성공을 반복하며 자신만의 길을 만드는데, 성공하는 사람들 대부분이 여기에 속한다.

나의 강의를 듣는 회원들 중 유난히 자주 메일과 전화로 질문하는 이들이 있다. 가끔은 미안해하기도 하는데, 나는 그들에게 경매로 꼭 성공하고 싶다면 절대로 미안해하지 말고 나를 최대한 귀찮게 하라고 주문한다.

한 회원은 내가 1주일에 한 번 대전에서 서울로 강의차 방문하는 사실을 알고, 회원 가입 후 매주 매각 물건을 들고 와 질문을 하고 자문을 구했다. 평균 2시간 정도는 그에게 붙잡혀서 대화를 나누었다. 나의 조언과 물건 분석을 바탕으로 지방으로 입찰도 몇 번 다녔으며, 계속 도전한 결과 그는 네 번의 도전 만에 첫 낙찰의 기쁨을 맛보았다. 시세는 2억 1,000만 원, 전세가 1억 9,000만 원 정도 하는 주택을 1억 7,000만 원 정도에 낙찰받았다. 1개월 만에 명도도 쉽게 해결하고 소유권 이전 등기까지 직접 처리했으니 첫 낙찰로 많은 실전 경험을 쌓았다.

또 교육이 진행되는 동안 질문을 자주 하던 한 회원은 어느 날 현장 조사를 다녀온다고 하더니 첫 입찰에 떡하니 낙찰받았다. 내가 물건을 선정하고 조사하는 방식 그대로 적용했으며, 시세 조사도 철저히 하고 수익 분석표도 만들었다. 또한 예상 낙찰가격과 예상 매도가격을 산정하고, 각종 세금과 경비를 계산해 최종 수익률 분석까지 직접 작성한 후에 나에게 조언을 구했다. 얼마나 열심히 배우려 하는지 그 열정이 무척 고맙게 느껴졌다. 5,000~5,500만 원 정도의 시세인 지방 아파트를 약 4,000만 원에 낙찰받았으니, 매도만 잘하면 훌륭한 수익으로 돌아올 것으로 기대하고 있다.

또 한 사람, 나의 지인 중에 경매 초보가 있다. 그는 꽤 좋은 직장에 근무하며 틈틈이 경매 공부를 했고, 궁금한 내용은 항상 질문을 했다. 부단한 노력으로 몇 번의 도전에 낙찰을 두 번이나 받았다. 집필에도 관심이 많아 휴일이면 도서관에서 공부하다시피 열심히 책을 읽고 쓰더니 출판 계약을 맺고 본인의 이야기를 담은 책도 썼다.

    삶이 바뀌길 바라는 사람은 많지만 정작 행동으로 옮기지 않는 사람이 많다. 실패를 두려워하지 마라. 한 번에 성공하면 좋지만 몇 번의 도전 또는 수많은 도전 끝에 성공하는 경우가 더 많다. 도전을 멈추지 않으면 결국 성공이라는 달콤한 열매를 맛볼 수 있다. 시도조차 하지 않으면 아무런 일도 일어나지 않는다. 자질이 부족해서, 시간이 부족해서 성공하지 못하는 것이 아니라 끊임없이 행동하지 못해서 성공하지 못하는 것이다.
    삶을 바꾸고 싶다면 끊임없이 배우고 도전하라. 성공은 가만히 기다리는 사람에게 다가오는 것이 아니라 먼저 다가가야 잡을 수 있다.

미분양 아파트를 낙찰받다

일기	대전지방법원 서산지원	대법원바로가기	법원안내			가로보기	세로보기	세로보기(2)	세로보기(3)

20 (임의)	매각기일 : 2011 (월)	경매2계 041-660-0600

소재지	(31748) 충청남도 당진군 [도로명] 충청남도 당진시 거산			4층 405호	
용도	아파트	채권자	농협은행	감정가	180,000,000원
대지권	56.0005㎡ (16.94평)	채무자	김	최저가	(70%) 126,000,000원
전용면적	84.935㎡ (25.69평)	소유자	미래에	보증금	(10%)12,600,000원
사건접수	2011-03-11	매각대상	토지/건물일괄매각	청구금액	105,478,115원
입찰방법	기일입찰	배당종기일	2011-06-10	개시결정	2011-03-14

기일현황

회차	매각기일	최저매각금액	결과
신건	2011	180,000,000원	유찰
2차	2011	126,000,000원	매각
	낙찰132,370,000원(74%)		
	2011	매각결정기일	허가
	2011	대금지급기한 납부 (2011.09.28)	납부
	배당종결된 사건입니다.		

▌ 감정가 1억 8,000만 원의 아파트

　감정가가 1억 8,000만 원이다. 이 아파트를 1억 3,000만 원 정도에 낙찰을 받았으니 5,000만 원의 시세 차익이 생긴 것일까? 내가 낙찰받은 당시 당진시는 지역 개발의 호재를 등에 업고 아파트를 많이 건설했는데, 아니나 다를까 많은 미분양 사태를 야기하고 말았다.

이 아파트 단지는 미분양된 물건을 할인해서 약 1억 5,000만 원에 매도하고 있었다. 분양가는 1억 8,000만 원이었지만, 실제 시세는 1억 5,000만 원 정도였다는 이야기다. 미분양된 아파트라 별로 인기가 없었고, 그래서 입찰자는 3명밖에 되지 않았다. 미분양된 아파트를 낙찰받으면 매도하기 쉽지 않을 텐데, 실거주를 목적으로 낙찰받았나 생각이 들 것이다. 이 아파트는 결론을 먼저 말하면 단기 투자를 목적으로 입찰했고 낙찰받고 매도하는 데 3개월이 채 걸리지 않았다.

이 아파트에 현장 조사를 나갔을 때, 시공사에서 1억 5,000만 원에 할인해서 파는 것을 알았으므로 약 1억 3,000만 원대에 매수한다면 양도세를 납부하고도 좋은 수익이 나리라 예상했다. 집은 새로 지어졌으니, 손볼 곳 없이 깨끗할 것이고, 특별히 경비도 많이 들지 않을 것이라 생각했다. 그래서 1억 3,200만 원에 입찰했고, 3명 중 1등으로 낙찰되었다.

앞서 말했듯이 이 아파트는 3개월도 안 되어 매도했는데, 미분양된 물건이 많은 이 아파트를 어떻게 빨리 팔았을까?

답은 중개수수료에 있다. 나는 부동산을 빨리 매도하는 방법 중 하나로 '중개수수료 배로 주기'를 많이 사용한다. 주거용 주택의 중개수수료는 2억 원까지 0.5%이다. 중개인은 매매 계약이 체결되면 매수인과 매도인에게 받아 거래가의 1%의 수수료를 수입으로 한다. 통상적으로 이렇게 거래를 하지만 나는 보통 수수료를 2배로 준다. 그럼 나의 물건을 매도했을 때 중개업자에게 생기는 수수료는 1.5%가 되는 것이다. 1억 원짜리 아파트의 매매 계약을 성사시키면 원래 100만 원의 수입이 생기지만 나의 아파트는 150만 원이 생기는 것이다. 이렇게 많은 수수료를 지급하겠다고 약속하면 확실히 빨리 매도된다.

빨리 매도가 된다는 것은 대출이자를 줄일 수 있다는 이야기와 같다. 즉 이 아파트는 1억 3,200만 원에 낙찰받았고, 낙찰가의 80%인 약 1억 원의 대출을 실행했다. 당시 이율이 4%를 조금 넘었고 월 40만 원 정도의 대출이자가 발생했다. 두 달만 매도하지 못해도 80만 원의 이자가 발생한다. 이 말은 두 달 빨리 팔면 80만 원을 지출하지 않아도 된다는 이야기와 같다. 그러니 중개수수료를 많이 제시해서 빨리 매도하면 납부해야 할 대출이자도 줄지만, 중요한 것은 자금의 빠른 회수와 수익의 실현이 빨라진다는 사실이다.

그래서 나는 평소에는 법정 수수료보다 2배 많은 수수료를 제시하는데, 이 아파트는 1억 5,000만 원에 매도를 의뢰하면서 약 3배에 달하는 200만 원을 제시했다. 매매 거래를 성사시키면 약 300만 원의 수입이 생기니 중개업소에서 내 매물은 성사 대상 1순위가 된 것이다.

▌ 내부 모습. 첫 입주도 하지 않아서 모든 것이 새것으로 무척 깨끗하다.

    잔금을 납부하고 집 내부를 둘러봤다. 건축된 지 채 1년이 되지 않았고, 아직 입주한 사람도 없었기에 모든 것이 새것이고 너무나 깨끗했다. 마감까지 완벽히 마무리가 되어 있어서 따로 손 볼 필요가 없었다. 집을 나와 바로 중개업소에 매물로 내놓았다.

    중개업소에 매물로 놓은 지 2개월이 되지 않아 연락이 왔다.
    "사장님, 그 아파트 거래 성사시키면 수수료로 200만 원 주는 거 맞아요?"
    "네. 200만 원 드린다고 말씀드렸죠."
    "그럼, 매수할 분이 생겼는데 중개업소로 방문해주시겠어요?"
    "그러죠. 그런데 어느 중개업소 사장님이시죠?"
    "아, OOO 부동산입니다. 이쪽으로 오시면 됩니다."
    "예? 제가 기억이 잘 나지 않는데, 어떻게 찾아가면 되죠?"
    "혹시 차에 내비게이션 있으세요?"
    "네, 있습니다."
    "그럼 신평면 OOO 입력하고 오시면 됩니다."

    왜 중개업소가 기억나지 않는지 알았다. 주소를 찍고 찾은 부동산은 아파트와 조금 떨어진 처음 가보는 낯선 곳이었다. 30분 만에 계약서를 작성하고 중개업소를 나서는데 사장이 따라 나오더니 나를 불러 세워 매수인이 들리지 않게 조용히 말했다.

"저…… 사장님, 그런데요…….."
"네, 말씀하세요."
"누가 물으면 저희 중개업소에서 거래했다 하시지 말고, 아는 지인에게 팔았다고 말씀해주세요."
"네, 그렇게 하죠."

　요즘은 옛날과 달리 정보망이 발달되어 중개업소끼리 매물 정보를 공유한다. 중개업소에 방문한 손님이 자신이 의뢰받은 물건 중 맞는 것이 없으면 평소 친하게 지내는 다른 중개업소의 물건을 소개시켜주고 거래가 성사되면 수수료를 나누는 공동 중개를 많이 한다.
　이 아파트는 많은 중개수수료를 약속했기에 사장님이 친한 다른 중개업소에도 이 사실을 말했을 것이다. 동료 중개업소는 매수인이 나타났을 때, 본인에게 말해준 중개업소를 제외시키고 혼자서 수수료를 모두 챙기겠다는 속셈이었던 것이다. 비양심적이라 한마디 해주고 싶었지만, 굳이 얼굴 붉힐 필요는 없다는 생각이 들어 나오면서 속으로 한마디 했다.

'아저씨, 그렇게 비양심적으로 동료를 속이다가 큰 코 다쳐요!'

▌투자 내역

구분	금액
낙찰	1억 3,237만 원
대출	1억 500만 원
세금 등 지출비	400만 원
총 투입 비용	3,100만 원
투자 기간	2개월
실수익	약 1,800만 원
연수익률	약 160%

PART

02

쉽고 안전하게 경매하는
7가지 방법

09
굳이 어려운 길로
갈 필요 없다

나는 주위 사람들에게 항상 쉬운 경매를 하라고 한다. 내가 남들이 선호하지 않는 물건에 주로 입찰하는 이유도 여기에 있다. 많은 사람이 몰려서 힘들게 낙찰받는 것보다 사람이 몰리지 않는 물건을 선택하여 입찰하는 것이 낙찰 확률이 높다. 권리 분석과 현장 조사, 또한 명도도 마음먹기에 따라 얼마든지 쉽고 안전하게 할 수 있다. 이렇게 좋은 길을 놔두고 굳이 어려운 길을 선택하지 말자. 몸도 지치고, 스트레스로 정신도 지칠 수 있다. 이제 쉬운 경매를 하는 법에 대해 알아보자.

1) 물건 선정

10대1의 경쟁률을 보이는 아파트와 3대1의 경쟁률을 보이는 아파트가 있다. 어느 아파트가 좋은 아파트일까? 당연히 10명이나 입찰한 아파트가 좋을 것이다. 그러나 잘 생각해보자. 경매를 하려는 목적이 무엇인가?. 실거주가 목적이라면 조금이라도 깨끗하고 좋은 아파트에 입찰하는 것이 맞다. 그러나 투자 수익이 목적이라면 생각을 바꿔야 하지 않을까?

10대1의 경쟁률 아파트는 낙찰받기도 어려울뿐더러 가격을 저렴하게 낙찰받기도 쉽지 않다. 게다가 아예 거래가 없는 지역이라면 모를까 시세보다 저렴하게 낙찰받기만 하면 누군가는 사게 되어 있다.

내가 선호하는 물건들은 나 홀로 아파트, 대형 아파트, 오래된 건물 등 대부분의 사람이 입찰을 꺼려하는 것이다. 이렇다 보니 나는 평균 세 번 정도 입찰하면 낙찰받곤 한다. 그리고 대부분 경쟁률이 3대1 미만이며, 단독으로 받은 물건이 오히려 더 많다. 그럼에도 이들은 대부분 만족할 만한 수익을 안겨 주었다.

2) 권리 분석

기초적인 사항을 공부하고 어려운 물건은 피하자. 등기부등본에 아무리 많아도 문제가 되지 않는 (가)압류, (근)저당권으로만 이루어진 물건이 무수히 많다. 이런 물건만 입찰하면 절대 사고 날 일이 없다. 공부를 어설프게 하고 법정 지상권, 유치권, 가등기, 가처분 등 특수 물건에 도전하는 것은 총 한 자루 달랑 들고 전쟁터로 나가는 것과 다름없다. 어설픈 공부는 큰 화를 초래할 뿐이니 차라리 권리 분석이 쉬운 물건에 도전하라.

3) 현장 조사

경매하는 사람들이 명도와 함께 제일 어려워하는 부분이 현장 조사다.

현장 조사에서 보면 소유자든 임차인이든 본인의 의사와는 상관없이 집을 비워줘야 하니 호의적인 사람은 별로 없다. 사정이 이렇다 보니 경매로 나온 주택의 내부를 보는 것에 부담을 많이 느끼는데, 나도 초보 시절에는 초인종도 누르지 못하고 그냥 발길을 돌렸던 적이 많았다.

지금 돌이켜보면 '굳이 경매로 나온 주택의 내부를 꼭 볼 필요가 있을까?'라는 생각도 든다. 해당 주택의 누수는 아랫집을 방문하여 확인하면 되고, 집안 구조는 같은 라인의 윗집 또는 아랫집을 방문하면 된다. 물론 점유자를 파악해야 한다면 해당 주택을 방문하는 것이 좋지만, 굳이 집안 내부를 보는 일을 고집할 필요는 없다는 뜻이다.

4) 명도

경매를 어려워하는 이유는 현장 조사에 대한 부담과 함께 점유자를 내보내고 집 열쇠를 넘겨받는 명도 과정 때문이다. 이 과정에서 다양한 성격의 사람을 상대해야 하므로 스트레스도 많이 받고 어려울 수밖에 없다.

이런 명도가 부담된다면 명도가 조금이라도 쉬운 물건을 선택해 입찰하면 된다. 일부라도 배당을 받는 임차인이 있는 주택이나 공실인 주택을 선택하면 된다.

한 푼도 못 받는 전 소유자나 보증금 전액을 고스란히 손해 보는 임차인은 대체로 이사비도 많이 요구하며 명도에 대한 저항도 클 것이다. 그러나 일부라도 배당을 받는 점유자는 낙찰자의 명도 확인서와 인감증명이 있어야만 배당받을 수 있으므로 이러한 상황을 최대한 이용하면 생각보다 명도를 쉽게 마무리 지을 수 있다.

10
권리 분석 10분이면
충분하다

경매에 입문하려는 사람들이 가장 어려워하는 것이 권리 분석과 명도이다. 명도는 사람을 상대하는 것이기 때문에 특별히 이론적인 공부를 필요로 하지 않지만, 권리 분석은 최소한의 공부가 필요하다. 가끔 권리 분석도 제대로 하지 않고 입찰하는 사람들을 보면 그 무모함에 놀라게 된다.

권리 분석을 잘못하면 금쪽같은 돈을 한순간에 잃어버릴 수도 있다는 것을 모르는가? 어떤 사람은 경매 유료 사이트의 권리 분석만 믿고 입찰한다. 아무리 비싸고 좋은 사이트도 100% 맞지 않다는 사실을 알아야 한다. 유료 사이트에서는 권리 분석을 기계적으로 하므로 많은 경매 물건을 정확하게 분석하기 어렵다. 간혹 잘못된 권리 분석이 떡하니 올라온 것을 볼 때도 있다. 유료 사이트는 발품과 손품을 줄이고, 등기부등본을 무료로 열람할 수 있으며 낙찰가 외의 추가 비용과 물건의 각종 정보를 참고만 해야지 절대적으로 신뢰하면 안 된다. 특히나 권리 분석은 어느 정도 스스로 할 줄 알아야 한다.

경매를 하지 않는 일반인들이 보면 경매에 사용되는 용어가 너무 어렵다. 그런데 경매 관련 책을 몇 권 읽고 강의를 들으면 경매 용어들이 서서히 이해가 될 것이다. 그리고 배당 순서와 각 권리별 특징을 익혀야 하는데, 이 과정이 너무 어렵다.

특히 말소 권리 이후의 권리는 모두 소멸된다면서 그중 가처분과 예고 등기는 조심하라고 하고, 여기에 토지 별도 등기와 대지권 미등기라는 단어까지 나오면 어질어질해진다. 나는 오랫동안 공부를 해서 법조문도 읽지만, 일반인은 직장 생활을 하며 이런 공부를 할 여유가 없다. 가뜩이나 힘든 일로 지치는데, 공부까지 많이 해야 한다면 정말 괴롭다.

이에 내가 쉽게 권리 분석하는 법을 알려주려고 한다. 이는 어디까지나 경매 입문자들을 위한 방법으로, 입찰과 낙찰을 경험하며 더 어려운 물건은 하나씩 익혀나가면 된다.

1. 압류, 가압류, 저당권, 근저당권, 경매 개시 결정 등기로만 이루어진 물건을 하라

등기부등본상 이 5가지 종류로만 이루어진 물건을 선택하라. 이 5종류의 권리는 아무리 많이 설정되어 있더라도 낙찰되면 모두 말소되고 없어지니 몇 개가 설정되어 있든 무서워하지 마라.

2. 대항력 없는 임차인이 거주하는 물건을 하라

경매에서 사고가 나서 손해를 보는 가장 큰 원인은 잘못된 권리 분석과 시세 조사 때문이다. 이중 대항력 있는 임차인 물건의 배당금을 잘못 계산해서 생각지도 않은 임차인의 보증금을 인수해야 해서 큰 손해를 보는 경우가 있다. 나중에 주택임대차보호법에서 다루겠지만, 대항력 있는 임차인은 임차보증금을 모두 돌려받을 때까지 명도를 거부할 수 있다. 대항력 있는 임차인이 전부 배당받을 수 있다고 판단하고 입찰을 했으나, 여러 사정으로 보증금 전액을 배당받지 못하면 낙찰자가 인수해야 한다. 그러니 이에 대해 충분한 공부가 안 된 초보자는 대항력 없는 임차인 물건만 입찰하기 바란다.

대항력 있는 임차인은 임대차 보증금을 전부 돌려받을 때까지 집을 비워주지 않아도 되는 막강한 힘이 있다. 또한 경매 절차에서 배당금을 전액 받지 못하면 낙찰자가 인수해야 한다. 그러므로 초보자들은 대항력 있는 임차인 물건은 피하는 것이 좋다.

3. 등기부등본상에 기재되지 않는 권리가 있는지 조사한 후에 해당 사항이 없으면 입찰을 고려한다

유치권, 법정 지상권, 분묘 기지권은 등기부등본에 나타나지 않는 권리이다. 대부분 경매로 진행되는 부동산은 법원에서 '유치권 신고되어 있음', '법정 지상권 성립 여지 있음', ' 분묘 기지권 성립 여지 있음' 등이라고 표시를 하는데, 이런 물건은 충분한 공부가 뒷받침된 후에 도전하자.

위의 방법으로 권리 분석이 끝난다고 하면 반문하는 사람이 있을 것이다. 위의 조건을 만족하는 물건이 있느냐, 저렇게 쉬운 물건으로 수익을 낼 수 있느냐?

물론 위의 조건만 만족한다면 충분히 초보도 입찰해서 낙찰받을 수 있다. 전 단계에서 내가 말한 물건을 고르는 방법으로 선택한 후에 안전한 권리 분석으로 물건을 확정하면 절대 사고 나는 일이 없다.

경매에 참여하는 사람이 많아지니 특수 물건(법정 지상권, 유치권, 선순위 가등기, 선순위 가처분 등)을 해야만 수익을 낼 수 있다고 말하는 사람들이 있는데, 반드시 어려운 물건을 해야만 수익을 낼 수 있는 것은 아니다. 쉽고 안전한 물건으로도 충분히 수익을 올릴 수 있다.

11
발품이
곧 수익이다

수익은 발품에서 결정된다는 말이 있다. 얼마나 열심히 뛰었는지에 따라 수익률이 달라진다. 또한 얼마나 철저히 조사했는지에 따라 경매 사고를 미연에 방지할 수 있다. 시세 조사를 잘못하면 실제 거래되는 시세보다 더 비싸게 낙찰받는 경우도 생기며, 하자 있는 부동산인지 모르고 낙찰받아 수리비로 큰 비용을 지출하는 일도 생길 수 있다. 권리 분석으로 권리상 안전한 물건을 골라도 현장 조사를 철저히 하지 않으면 이는 곧 부동산 사고로 이어질 수 있음을 알아야 한다.

일례로 부동산의 입지를 평가할 때, 수도권의 경우 지하철역에서 가까우면 역세권이라 해서 가장 좋은 투자처의 한 곳으로 생각한다. 하지만 대전만 해도 지하철역 주변을 역세권이라고 해서 무조건 입지 조건이 좋다고 보지 않는다.

단지 교통수단의 하나인 지하철의 정거장이 있을 뿐, 상권이 특별히 발달하지 않은 곳도 많기 때문이다. 대전의 이런 특이한 사항처럼 지도만으로 입지를 평가하면 안 된다. 현장을 방문해야만 주변 분위기를 파악할 수 있다.

경매를 처음 하는 사람일수록 현장 조사를 어려워하는데 많이 접해서 경험을 쌓는 것이 최선의 방법이다. 현장 조사는 부동산 자체를 바라보는 안목이 필요하며, 사람을 상대하고 조사하는 것이다. 그러므로 많은 부동산을 접해보고 많은 사람을 상대하며 경험을 쌓을수록 상황별 대처 능력과 요령이 생긴다. 현장 조사의 가장 큰 목적은 경매 물건의 입지 조건과 현황, 정확한 시세 조사, 그리고 거주자를 파악하는 일이다.

1) 사전 조사

가격이 저렴하고 좋아 보이는 물건이 있다고 모두 현장 조사를 나가는 것은 시간과 돈의 낭비이다. 현장에 방문하기 전에 인터넷으로 사전 조사를 하면 시간과 비용을 줄일 수 있다. 요즘은 인터넷이 잘 발달돼 시세, 평형, 아파트 정보 등을 얻을 수 있다. 특히나 건물의 가격을 결정짓는 중요 요인 중 하나인 방향은 현장에서 보는 것보다 인터넷 지도로 확인하는 것이 더 정확하다.

▌ 네이버 지도 스카이뷰

　해당 사진은 인터넷에서 아파트를 검색했을 때 보이는 화면이다. 컴퓨터 화면에서 보이는 지도의 동서남북 방향이 실제 방향과 같다. 현장에서 건물을 보아도 방향을 가늠하기가 애매할 때가 있는데, 이럴 때는 오히려 인터넷으로 보는 것이 확실하다. 아파트 사진에서 208동은 남서향이고 나머지 4개 동은 모두 동남향이다. 조사해보면 알겠지만 남서향의 아파트보다는 동남향의 아파트를 더 선호하니 같은 층의 매물이라면 208동이 더 저렴할 확률이 높다.

매매	17.04.03.	주공2단지 🗐	71/49	208동	10/15	**10,200** 한국공인중개사협회
매매	17.04.01.	주공2단지 🗐 올수리함, 즉시입주가능	71/49	203동	6/15	**11,700** 한국공인중개사협회
매매	17.04.01.	주공2단지 🗐 공원 놀이터와 인접한 쾌적한 동이며, 남…	71/49	205동	15/15	**9,800** 한국공인중개사협회
매매	17.03.18.	주공2단지 🗐 7월달전세만기 , 상태깨끗	71/49	205동	13/15	**11,000** 한국공인중개사협회

┃ 네이버 부동산 매물

해당 아파트의 매물을 네이버 부동산에서 검색한 화면이다. 꼭대기 층인 15층을 제외하면 208동보다 203동과 205동의 매물이 약 800만 원 이상 더 비싸게 나온 것을 알 수 있다.

2) 정확한 시세 조사

현장 조사를 하는 가장 큰 이유는 정확한 시세를 조사하기 위해서이다. 시세를 잘못 파악하여 급매보다도 비싸게 낙찰받는 사례를 종종 본다. 감정 평가액은 참고만 할뿐 적정 시세가 아니라는 것을 잊지 말아야 한다. 아파트나 연립 주택의 가격은 다른 부동산에 비해 파악하기가 쉬운 편이나 다세대 주택이나 단독 주택은 어렵다. 이는 다세대나 단독 주택은 아파트나 연립 주택에 비해 똑같은 조건의 주택이 없기 때문이다.

시세 조사를 할 때 감정가격과 국토교통부 실거래가는 참고만 하고,

적정 시세는 해당 물건 소재지에 직접 방문해서 파악해야 한다. 중개업소를 최소 두 군데 이상 방문하여야 하며, 매수자 입장과 매도자 입장 모두 파악해야 적정 시세를 알 수 있다.

매도자의 입장으로 방문할 때는 집의 대략적인 구조는 알고 방문해야 한다. 간혹 중개업자가 집의 구조와 방향, 인테리어 여부를 묻는 경우도 있다. 또한 너무 부정적인 중개업소의 말은 주의해서 들을 필요가 있다. 간혹 중개업자 본인 또는 지인이 입찰하려고 거짓 정보를 흘리는 경우도 있기 때문이다.

3) 부동산의 하자 파악

건물 자체에 누수가 있는지, 관리가 잘되는지 여부는 중요하다. 지은 지 오래된 주택이라도 누수 없이 벽면도 깨끗이 관리가 되는 곳이 있는 반면, 얼마 되지 않았어도 벽면에 금(크랙)이 많이 갔다거나, 누수 자국도 보이는 등 관리 자체가 안 되어 지저분해 보이는 아파트도 있다.

4) 입지 환경

입지 조건이 좋을수록 매도하기 편리하며, 장기 투자 시 시세 차익의 효과를 누릴 수 있다. 쇼핑·문화·학원·병원 등이 주변에 많을수록, 유흥업소는 멀수록 좋다. 단기 투자가 목적이라면 입지 조건보다도 저렴하게 매입하여 시세보다 저렴하게 매도하는 것이 관건이다.

5) 점유자 파악

점유자를 파악하는 일은 무척 중요하다. 소유자인지 임차인인지, 임차인이라면 진정한 임차인인지 가짜 임차인인지, 점유자의 직업이나 연령, 사는 수준 등에 따라 명도의 난이도가 달라진다. 입찰하기 전에 어떤 사람이 살고 있는지 파악이 가능하다면 낙찰 후 명도에 많은 도움이 된다.

12
절대 수익의 시작,
입찰서를 미리 작성한다

나는 경매에 입찰하려는 사람들에게 항상 기일 입찰표를 전날에 작성하라고 당부한다. 그래야 실수하는 일이 없기 때문이다.

다음 페이지의 표는 기일 입찰표이다. 밑에 입찰가격과 보증금액을 기입하는 부분을 보면 숫자를 하나씩 적을 수 있도록 칸이 나뉘어 있다.

기 일 입 찰 표

지방법원 집행관 귀하			입찰기일 : 년 월 일		

사건 번호		타경 호		물건 번호	※물건번호가 여러개 있는 경우에는 꼭 기재

입찰자

		성 명		전화 번호	
	본인	주민(사업자) 등록번호		법인등록 번 호	
		주 소			
		성 명		본인과의 관 계	
	대리인	주민등록 번 호		전화번호	—
		주 소			

입찰 가격	천억	백억	십억	억	천만	백만	십만	만	천	백	십	일	원	보증 금액	백억	십억	억	천만	백만	십만	만	천	백	십	일	원

보증의 제공방법	☐ 현금·자기앞수표 ☐ 보증서	보증을 반환 받았습니다. 입찰자

┃ 기입 입찰표

기일 입찰표를 보면서 사람들이 나에게 묻곤 한다.

"아니, 입찰가격과 보증금액란에 일일이 칸이 나뉘어 있는데, 잘못 기입해서 0을 하나 더 적어서 10배나 높은 가격에 입찰한다는 것이 가능한가요? 설마 이렇게 한 칸씩 적게 되어 있는데 잘못 적을 리가⋯⋯."

정말 입찰가격을 잘못 적어서 10배나 비싸게 낙찰받는 일이 없을 것같은가? 다음 표를 보자.

청주지방법원	대법원바로가기	법원안내			가로보기	세로보기	세로보기(2)	세로보기(3)

2016 타경 (임의)		매각기일 : 2017- 10:00~ (월)		경매2계 043-249-7302	
소재지	(28182) 충청북도 청주시 [도로명] 충청북도 청주시 서원				
용도	아파트	채권자	지범새	감정가	47,000,000원
대지권	29.49㎡ (8.92평)	채무자	김	최저가	(51%) 24,064,000원
전용면적	36.624㎡ (11.08평)	소유자	김	보증금	(20%)4,813,000원
사건접수	2016-07-11	매각대상	토지/건물일괄매각	청구금액	32,441,095원
입찰방법	기일입찰	배당종기일	2016-09-26	개시결정	2016-07-12

기일현황 ⊘ 입찰17일전 ▼간략보기

회차	매각기일	최저매각금액	결과
신건	20	47,000,000원	유찰
2차	20	37,600,000원	유찰
3차	20	30,080,000원	매각
근	/입찰2명/낙찰130,110,000원(277%)		허가
	20	매각결정기일	허가
	20	대금지급기한	미납
3차	20	30,080,000원	유찰
4차	2017-04-17	24,064,000원	유찰

▎ 감정가 4,700만 원의 아파트를 1억 3,000만 원에 입찰한 사람

낙찰자는 아마도 최저가보다 3만 원만 더 올려 써서 3,011만 원에 낙찰받으려 했을 것이다. 그러나 약 1억 3,011만 원으로 잘못 적어서 입찰가를 제출했고, 아파트 시세보다 1억 원이나 더 주고 매수할 수는 없으니 결국 잔금을 미납하고 입찰보증금을 몰수당했다.

나는 기일 입찰표를 입찰 전날에 집에서 작성한다. 입찰보증금도 매각기일 전날에 수표 한 장으로 준비한다. 이는 일어날 수 있는 실수를 미연에 방지하기 위한 최소한의 조치이다.

경매를 처음 배우던 시절에는 법원에서 나눠주는 기일 입찰표를 받고 입찰표 작성대에서 줄서서 기다리다 차례가 오면 열심히 작성해서 제출했다. 어느 날 차가 막혀 입찰 시간이 얼마 남지 않았을 때 도착했는데 하

필 그날따라 사람이 너무 많이 몰려 입찰 마감 시간 내에 제출하지 못한 적도 있다.

경매 법정에 가서 발 디딜 틈 없이 사람이 많을 때는 지금도 가끔 느끼는 감정인데 입찰표를 전날에 작성했지만 다시 올려 쓰고 싶은 충동이 일어난다. 법정 안의 모든 사람이 내가 입찰하는 물건에 입찰할 것 같은 생각이 들기 때문이다. 입찰가를 올려 쓰지 않으면 낙찰받지 못할 것 같은 불안감이 입찰 마감 시간까지 머릿속에서 떠나지 않는다.

나도 몇 번 올려 쓴 적이 있는데 다행히 낙찰되지 않았다. 그러나 주변에서는 순간의 충동으로 입찰가를 올려 썼다가 급매보다도 비싸게 낙찰받아 후회하는 사람을 몇 명 보았다. 경매하는 목적을 순간적으로 잊어버리는 것이다. 매도 후의 수익을 생각하고 입찰을 해야 정상인데, 이런 경우는 순간적으로 낙찰이 목적이 되어버린 셈이다.

기일 입찰표를 매각 기일 전날에 입찰하면 이런 유혹에서 벗어나는 데 큰 도움이 된다. 원하는 수익을 생각해서 입찰가를 결정하고, 그 금액을 적고 되도록 수정을 하지 않는 것이 좋다. 언젠가는 도장을 지참하지 않고 법정에 간 적도 있다. 대부분의 법원 앞에는 도장을 판매하는 곳이 있지만 없는 곳도 많다. 만약 도장을 준비하지 못하면 다른 사람이 낙찰받는 것을 구경만 하고 와야 하는 상황이 된다. 그러나 전날에 입찰표를 작성하면 입찰표에 도장을 찍어야 하니 도장을 빼놓고 법원에 갈 일이 거의 없다.

시간에 쫓겨 실수할 일도 없다. 입찰표를 적다 보면 자꾸 실수할 때가 있다. 나도 네 번이나 다시 작성한 적이 있다. 뭐에 홀렸는지 계속 실수를 했고, 결국은 마감 시간에 맞추지 못해 제출하지 못했다. 법원에서는 마감 시간 이후에 제출하는 서류는 절대 접수하지 않는다.

"입찰을 마감합니다."

라고 말하는 순간, 그 이후로는 아무리 애원해도 입찰표를 받아주지 않는다. 차후에 법원을 나와서 생각하니 입찰을 하지 못한 것이 다행이라는 생각이 들었다. 그렇게 급하게 입찰하면 실수할 확률이 높기 때문이다.

13
잔금을 납부하기 전에
명도를 끝낸다

"잔금도 내지 않았는데 집에 찾아가도 돼요?"

"전 잔금을 내기 전에는 찾아가지 않습니다."

"잔금을 내기 전엔 소유자가 아닌데 찾아가도 뭐라 안 합니까?"

명도에 관해 많이 듣는 말이다. 낙찰자가 소유자의 신분으로 바뀌는 순간은 잔금을 납부하는 시점이다. 즉 잔금을 납부하기 전에는 낙찰자의 신분이지 소유자가 아닌 것이다. 그럼, 위의 말처럼 잔금을 납부하기 전에는 점유자를 찾아가면 안 되는 것일까?

어떤 사람들은 잔금 내기 전에는 찾아가는 것이 아니라고 하지만, 나는 빨리 찾아가서 만날수록 좋다고 생각한다. 만나서 담판을 지으라는 것이 아니다. 우선은 점유자에게 낙찰됐다는 사실을 알림으로써 이사 가야 한다는 마음의 준비를 하게 하고, 점유자의 성향을 파악해 차후 명도에 대처할 방법을 모색하려는 것이다. 그 다음에 천천히 명도를 진행하면 된다.

나는 법원에서 낙찰이 결정되면 바로 매각 물건의 주소지로 찾아가서 점유자를 만난다.

"안녕하세요, 오늘 이 부동산을 낙찰받은 사람입니다."

"그런데요, 무슨 일로 오셨죠?"

"예, 다름이 아니라 제가 조만간 잔금을 납부할 건데요."

"그래서요?"

"혹시 이 집에 계속 사시고 싶은지, 아니면 이사를 생각하고 집을 알아보고 계신지 궁금해서요."

이렇게 물으면 이사를 가려 한다는 사람도 있고, 계속 거주 의사를 비치는 사람도 있다. 가끔은 명도 없이 점유자를 상대로 임대차 계약을 체결하거나 매도를 한 적도 있다. 이런 경우에는 가격 협상만 잘 이루어지면 명도할 일도 없으며, 손쉽게 수익을 올릴 수 있다. 이런 경우는 잔금을 납부하고 가면 괜히 본인의 시간과 경비만 허비하는 꼴이 된다. 이처럼 낙찰받고 바로 방문하는 것이 더욱 빛을 발할 수 있다.

낙찰 당일 해당 부동산을 방문하는 또 다른 이유는, 잔금을 납부하는 순간부터는 낙찰자에게 소유권이 넘어오지만 그 순간부터 점유자는 무상으로 사용하기 때문이다. 다시 말하면 낙찰자가 정상적으로 소유권을 취득한 순간부터 정상적으로 원하는 용도로 사용해야 하는데, 점유자가 사용하는 기간까지는 손해를 보다는 이야기다. 만약 대출을 이용해 잔금을 납부했다면 점유자가 나가는 순간까지 점유자 대신 낙찰자가 이자를 지불하게 된다.

그리고 낙찰 당일 방문하면 경매의 함정을 피할 수 있기 때문에도 유리하다. 낙찰자로서 방문하면 낙찰받기 전에 일반인 신분일 때보다 대화가 수월하다. 명도나 해당 부동산에 관한 것을 묻고 얘기하다 보면 권리상 문제점이나, 부동산 자체 하자 등 예기치 못한 함정을 발견할 수도 있다. 그럴 때는 잔금을 납부하기 전에 매각불허가 신청을 하여 낙찰을 취소시켜야 한다.

이는 잔금을 납부하기 전에만 가능하니, 되도록 낙찰받고 빠른 시간 내에 방문하는 것이 좋다. 잔금을 납부하면 소유권이 넘어오게 되고 이는 절대 되돌릴 수 없다. 권리상의 하자든 부동산의 하자든 무조건 낙찰자가 책임져야 한다.

나는 단 한 건을 제외하고는 잔금 납부 후 1개월 이내에 모두 명도를 마무리 지었다. 그 중 절반 이상은 잔금을 납부하기 전에 명도를 마무리 지었다. 명도에 1개월을 넘긴 한 건도 사춘기를 겪고 있는 자녀들이 학기를 마칠 때까지 거주하기를 원하는 전 소유자의 간곡한 부탁으로 배려해 준 것이지 명도 과정이 어려워서 늦어진 것이 아니었다.

해당 부동산을 빨리 방문하여 명도를 빨리 끝내는 것은 수익을 높이기 위한 목적도 있지만, 예상치 못한 함정에서 벗어날 수 있는 기회가 잔금 납부 전에만 가능한 이유도 있다. 아직도 잔금을 납부한 후에 방문하는 것이 더 좋을 것 같은가? 생각해보길 바란다.

14
돈을 쓰면
더 많은 돈이 돌아온다

부동산에 한참 관심을 갖고 공부하던 시절, 지인이 이사를 해야 해서 새로 거주할 아파트를 보러 다녔는데, 그는 두 아파트를 놓고 고민하고 있었다. A아파트는 입지가 좋았고 급매로 나와 가격도 저렴했고, B아파트는 건설된 지 얼마 안 됐고 이제 첫 입주가 시작되는 아파트였다.

그는 고민 끝에 새로 지은 아파트를 선택했는데, 나는 이유가 궁금해서 물었다.

"제가 보기에는 입지와 가격을 보면 A아파트가 더 좋을 것 같은데, 왜 B아파트를 매입하셨어요?"

"투자용으로 매입한다면 A아파트를 샀겠지. 그런데 내가 거주할 것을 생각하니 아내가 굳이 B아파트로 하고 싶다고 해서 말이야."

"왜요? 새 아파트라 깨끗해서 좋대요?"

"아니, 그게 아니라 인테리어가 너무 예쁜데 직접 하려 해도 2,000만 원 안쪽으로는 못할 거 같더래."

결국 이 분은 실내 인테리어가 너무 맘에 들어서 매도인이 분양받은 가격에 2,000만 원을 붙여주고 매입했다. 나중에 안 사실이지만 그 아파트는 분양받은 사람이 인테리어 업자였고 약 1,000만 원 정도 들여 직접 꾸민 것이었다.

사람은 첫인상이 중요하다고 한다. 그래서 새로운 사람을 매일 만나야 하는 영업사원들은 항상 깔끔하고 멋지게 자신을 꾸민다. 처음 만나는 사람들에게 좋은 인상을 심어주는 가장 효과적인 방법이 깔끔한 옷차림이기 때문이다. 사람도 그렇지만 부동산 역시 첫인상이 중요하다.

지저분하고 쾌쾌해 보이는 집과 밝고 깨끗하게 수리된 집이 있다면 어느 집에 더 호감이 가겠는가? 물론 가격에 더 민감하겠지만 은연중에 더 깔끔해 보이는 집이 더 빨리 팔릴 가능성이 크다. 나도 경매를 처음 접하던 초보 시절에는 낙찰받으면 그냥 매물로 내 놓았는데, 우연한 기회로 수리하거나 깔끔하게 꾸미면 더 빨리 팔리고, 더 좋은 가격으로 매도할 수 있다는 것을 알게 된 후로 대체로 수리나 인테리어를 해서 매도하는 편이다. 도배만 밝은 색으로 해도 집이 달라 보인다. 돈을 쓰는 이유는 돈을 벌기 위해서이다. 돈을 쓰는 만큼 다른 대가로 돌아온다는 사실을 명심하자.

소유한 자본에 여유가 생기면 다른 사람에게 의뢰를 하더라도 초보 시절에는 되도록 웬만한 수리는 배워서 직접 하는 편이 좋다. 그래야 나중에 일을 의뢰해도 요구하는 금액이 적정한 금액인지 과다한 청구인지 구별할 수 있으며, 일을 하는 사람이 꼼꼼히 잘한 것인지, 대충 흉내만 내거나 초보라서 마무리를 제대로 못한 것인지를 판단할 수 있다.

나도 처음에는 모든 것을 직접 했지만, 지금은 대부분 의뢰하는 편이다. 수리에 소비할 시간이면 더 생산적인 곳에 사용할 수 있기 때문이다. 하지만 초보라면 디지털 도어록, 전등, 스위치 등의 교체와 세면대를 비롯한 간단한 수리는 직접 배워서 적은 비용으로 할 수 있다. 이런 것들은 효율 대비 최대의 인테리어 효과를 누릴 수 있는 부분이다.

또 도배, 장판, 페인트칠 같은 전문성을 요하는 일은 비용 산출을 어떻게 하는지 정도는 알아두는 것이 좋다. 나는 이 모든 작업을 직접해봤는데, 도배와 장판은 개인이 하기 어려운 공사였다. 그러나 방수와 페인트칠은 인건비의 비중이 큰 작업이므로 적은 면적이나 간단한 작업은 직접하면 비용을 상당히 줄일 수 있다.

초보 시절에는 이 모든 경험을 직접 해보는 것도 좋다. 그렇다면 평소 기본적으로 갖추고 있으면 좋은 장비에 대해 알아보자.

① 공구함
약간 큰 공구함을 장만하자. 망치, 니퍼, 펜치, 줄자, 실리콘, 쇠톱, 몽키 스패너, 각종 못과 볼트, 너트, 사포 정도를 준비해두면 웬만한 수리는 할 수 있다.

② 전동 드릴

경매 투자를 하지 않더라도 전동 드릴 하나 정도는 있는 것이 좋다. 평소에 집에 수리할 부분이 생기면 요긴하게 사용할 수 있다. 내가 가장 많이 사용하는 공구로 디지털 도어록을 교체할 때, 각종 수리할 때 등 무척 쓰임새가 많다. 전동 드릴은 무선으로 장만하되 너무 비싼 가격의 브랜드로 준비할 필요는 없다. 요즘은 중저가의 제품도 성능이 좋으니 적당한 가격의 전동 드릴을 준비하자.

③ 핸디코트

구멍 난 벽이나, 금간 벽면 등을 메우는 재료로 한 통 장만해두면 꽤 유용하게 쓸 수 있다. 개봉해도 뚜껑만 잘 닫아 놓는다면 몇 년은 쓴다. 핸디코트로 구멍 난 벽이나 부서져 떨어져 나간 부분의 홈을 메우고 잘 말린 후에 페인트를 칠하면 깔끔해진다.

 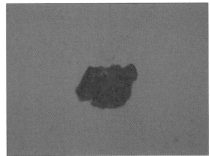

▌ 시공 전

■ 핸디코트 시공 후

15
경매 유료 사이트를
이용한다

경매를 하려면 매각 물건에 대해 살펴봐야 한다. 가장 기초적인 정보는 대법원 경매 정보 사이트에 공지된다. 그러나 이 정보는 정말 기초만 나와 있어서 추가적인 정보는 따로 알아봐야 한다. 유료 경매 사이트를 이용하는 이유가 여기에 있다. 경매를 하는 사람이라면 유료 경매 사이트 하나 정도는 가입하는 것이 유리하다.

대표적인 유료 사이트 몇 곳은 전국 단위 1년간 검색이 가능한 서비스가 100만 원을 조금 넘고, 60만 원 정도에 서비스하는 곳도 있다. 원하는 지역만 본다면 더 저렴한 가격으로도 이용이 가능한데 이는 본인의 여건에 맞게 고르면 된다. 직장인도 주부도 자영업자도 누구든지 최소한 1년에 한 건 정도는 경매로 단기 투자 수익을 충분히 올릴 수 있다. 많은 시간과 경비를 줄일 수 있으니 유료 사이트 결제비용을 아까워하지 말자.

단, 유료 경매 사이트의 모든 정보를 100% 믿어서는 안 된다. 기계적인 분석과 데이터이므로 간혹 권리 분석에 오류를 보이는 경우가 있으니, 권리 분석과 배당금은 참고만 하기 바란다.

유료 사이트를 이용하는 이유와 좋은 점을 알아보자. 다음의 내용은 대법원 경매 정보 사이트에서는 제공되지 않는 정보들이다.

① 조회 기간이 길다

대법원 경매 사이트에서는 2주일 안으로 진행되는 물건만 검색되는데, 유료 경매 사이트에서는 2개월 안으로 진행되는 물건까지 검색된다. 유료 경매 사이트를 이용하면 물건 검색과 권리 분석, 현장 조사에 이르기까지 시간적 여유가 많아진다.

② 등기부등본 무료

유료 사이트를 이용하는 가장 큰 목적이라고 할 수 있다. 매각 부동산이 있다면 권리 관계를 파악해야 하는데, 이는 등기부등본을 발급받아야만 알 수 있다. 입찰할 물건을 골라야 하는데, 물건마다 모두 등기부등본을 확인하려면 많은 시간과 돈이 필요하다. 부동산 등기부등본을 열람하려면 700원, 발급받으려면 1,000원이 필요한데 유료 사이트에서는 기본적으로 모든 매각 물건의 등기부등본을 무료로 제공한다.

③ 과거 낙찰 사례

10년이 넘는 과거 경매 진행 사건을 조회할 수 있다. 해당 부동산이 과거에 진행된 적이 있다면, 이전 사건을 조회함으로써 뜻밖의 정보를 알아낼 수 있다. 또한 해당 부동산이나 인근 부동산 매각 결과를 토대로 입찰가를 결정하는 데 참고할 수 있다.

④ 각종 사진 및 관리사무소(미납 관리비)

대법원 경매 사이트에서는 감정 평가 회사가 찍은 부동산 사진이 몇 장만 제공된다. 그러나 유료 사이트에서는 그 사진 외의 사진을 추가로 제공한다. 사진만으로도 현장 조사 나가기 전에 많은 정보를 얻을 수 있다. 아파트의 경우 관리사무소의 전화번호가 제공되는 경우도 많으며 미납 관리비를 조사하여 기록하기도 한다.

⑤ 기본적인 권리 분석

기본적인 권리 분석을 보기 좋게 표로 요약해서 보여준다. 초보자들이 이용하기에 정말 좋다. 간혹 권리 분석에 오류를 보이는 경우가 있다. 권리 분석이 잘못되어도 아무런 문제가 없는 물건(대항력 없는 임차인, 가압류, 압류, 저당권, 근저당권, 경매 기입 등기만 존재하는 부동산)은 괜찮으나, 특수한 권리(대항력 있는 임차인, 가처분, 가등기, 예고 등기, 환매 등기 등)가 있는 부동산의 권리 분석은 더 철저히 파악해야 한다.

⑥ 아파트 단지 정보 제공

대림 단지현황

건설사	대림산업	입주년도	1989.11	관리사무소	02-593-9580
총세대수	1,152 세대	총 동수	12 개동	최저~최고	12층 ~ 15층
주차대수	1,291 대	난 방	중앙	난방연료	도시가스
공급면적	148.76㎡ (45평)	전용면적	125.4㎡ (37.93평)	구 조	계단식
방 수	4개	욕실수	2개	동일평형	420 세대

▌ 스피드옥션 경매 물건 검색 시 제공되는 단지 현황

주택의 구조를 제공하기도 한다. 방의 개수, 난방 방식, 아파트의 구조, 내부 평면도 등 여러 정보를 제공한다.

⑦ 각종 정보 사이트와 연동

국토교통부 실거래가, 토지 이용 계획 확인원, 건축물 대장, 부동산 정보 통합 열람 등 각 기관별 방문하여 조회해야 가능한 정보를 유료 사이트에서 해당 물건 정보에서 바로 연동해 조회가 가능하다.

⑧ 예상 배당표 제공

낙찰가를 기준으로 예상 배당표를 제공하는데, 대략적인 배당금을 파악할 수 있으며 낙찰 시 소유권 이전에 필요한 비용도 가늠할 수 있다.

그 밖에도 각종 경매 법률 정보, 경매 교육, 대법원 판례, 특수 물건 검색 등 많은 정보들이 제공된다.

아파트도 반지하가 있다

　내가 낙찰받은 아파트 중에 특이한 부동산이 있다. 그 전에도 지금도 이런 특이한 아파트를 본 적이 없다. 보통 아파트를 건설할 때는 토지를 평탄 작업해서 단지 내에서는 각 동별 경사의 차이가 크지 않다. 물론 동별 경사가 조금씩 있는 경우도 있지만, 이 아파트의 경우에는 한 동이 앞쪽과 뒤쪽에 경사의 차이가 너무도 컸다.

▌ 아파트 입구에서 바라본 모습. 네이버 지도

▌아파트 뒤편 거실 쪽에서 바라 본 모습. 네이버 지도

　아파트의 뒤쪽 사진을 보면 거실 창의 높이가 도로와 같다. 현관 쪽에서 보면 1층인데 뒤편 거실 쪽에서 보면 반지하인 것이다. 아파트는 남향으로 지어졌는데 반지하이니 햇볕이 잘 들지 않았다. 아파트를 반지하로 짓다니 이런 경우는 처음 보았다.

　초등학교도 바로 앞에 있고, 버스 정류장도 도보로 5분 거리에 있으며, 지하철역도 도보로 15분 정도의 거리에 있어서 입지는 대체로 좋은 편이었다. 현황 조사서에 공실로 표시되어 있어 명도는 해결됐는데, 문제는 사람이 살지 않아서 수리비가 얼마나 들지가 고민이었다. 빈집이라 내부를 볼 수도 없었다.

　중개업소에 적정 시세를 알아보고자 방문했다.

"그 집이요? 반지하라서 팔기 쉽지 않을 건데요."

"전세나 월세로 놓는 것도 어려울까요?"

"다른 집도 많은데, 굳이 반지하에서 살고 싶을까요? 싸게 내 놓아도 거래되기 쉽지 않을 것 같은데? 다세대 주택도 아니고."

중개업소를 두 군데 더 들렀는데, 역시나 반응들이 냉담했다.

'역시나 장기간 공실인 이유가 있구나.'

나도 처음 겪는 일이라 한참을 고민했다. 나는 남들이 선호하지 않는 물건을 주로 경매하지만, 이 아파트를 과연 매도할 수 있을지 몇 날 며칠 아파트 사진을 보고 또 보고 고민했다. 오랜 생각 끝에 입찰을 결심했다.

'싸게 사서, 싸게 매도하면 되지.'

저렴하게 팔면 누군가는 사게 되어 있다는 나의 오랜 경험을 믿기로 하고 입찰했다. 문제는 입찰가였다. 당시 이 아파트 단지의 중간층은 1억 8,000만 원~2억 원에 거래가 됐다. 반지하에 공실로 오랜 기간 있었으니 최저가에 입찰해도 낙찰을 받을 수 있을 것 같았으나, 혹시나 나와 같은 생각을 가진 사람이 있을지도 모른다는 생각에 최저가에서 조금 높여서 썼는데, 역시나 단독 입찰이었다.

잔금을 납부하고 현관을 열고 들어갔다. 아파트 자체도 건설된 지 20년이 넘었는데 장기간 공실로 방치된 상태라 집 내부가 엉망이었다. 화장실은 벽면에 물이 흐른 자국이 있고 문에는 곰팡이 자국이 가득했으며, 수납장도 낡아 지저분했다. 거실과 작은 방은 햇빛이 잘 안 들고 사람이 거주하지 않아서 그런지 벽지는 세계 지도처럼 곰팡이 자국으로 크게 얼룩져 있었다. 베란다와 안방에 쳐 있는 많은 거미줄로 보아 거미들이 꽤 오랫동안 주인 행세를 한 듯했다.

나도 모르게 한숨이 절로 나왔다.

'하하하, 난감하구만.'

❚ 낙찰 후

▌수리 후

    도배는 인테리어 업자에게 맡기고 장판은 그런대로 쓸 만해서 걸레로 깨끗이 닦았다. 화장실 문은 깨끗이 닦고 페인트칠을 직접 하고, 수납장을 교체했다. 싱크대도 깨끗이 닦고, 콘센트 커버도 새것으로 교체했다. 경비를 줄이기 위해 며칠이나 몸으로 때워야만 했다.

    수리를 깨끗이 하고 인근 중개업소들에 방문해서 매도를 의뢰했다. 역시나 반응들이 별로였다. 이때 즉효 약을 한 방 날렸다.

"사장님, 이 물건 팔아주시면 중개수수료 2배로 드릴게요. 아셨죠?"

보통은 이 정도로 수리하고 중개수수료를 넉넉히 제시하면 두 달 정도면 매도됐는데, 이 아파트는 4개월이나 걸렸다. 예상은 했지만 내심 빨리 팔리기 바랐는데 역시 일반 물건보다는 시간이 조금 더 걸렸다. 그래도 단독으로 낙찰받고 큰돈은 아니지만 적당히 수익도 올렸던 사례이다.

다시 한 번 말하지만 사람은 자신의 상황에 맞게 주거지를 선택한다. 돈이 많은 사람은 비싼 주택에, 형편이 어려운 사람은 자신의 형편에 맞는 주택을 고른다. 시세보다 저렴하게만 매물로 내 놓으면 누군가는 매수하게 되어 있다는 사실을 명심하자.

▌투자 내역

구분	금액
낙찰	1억 5,317만 원
대출	1억 2,200만 원
취득세 등 지출비	약 500만 원
총 투입 비용	3,600만 원
투자 기간	4개월
실수익	약 1,300만 원
연수익률	약 51%

경매의 핵심,
주택임대차보호법

16
주택임대차보호법은
꼭 알아야 한다

문제1) 다른 조건은 생각하지 말고 아래 주어진 조건으로만 판단해보자. 수익도 어느 주택을 낙찰받든 똑같이 2,000만 원씩 생긴다고 가정해보자. 만약 여러분이 입찰해서 둘 중에 하나만 낙찰받을 수 있다면, A주택과 B주택 중에 어느 주택이 낙찰되면 좋겠는가?

A주택(서울 소재)	B주택(서울 소재)
2016.03.02. 근저당 3억 원 2017.02.05. 임차인 김 씨 1억 원 2017.04.23. 임의 경매 낙찰 2억 9,000만 원	2016.04.05. 근저당 3억 원 2017.02.05. 임차인 이 씨 1억 원 2017.04.23. 임의 경매 낙찰 2억 5,000만 원

똑같이 2,000만 원이 생기는 간단한 문제인 것 같지만 경매의 난이도를 결정짓는 중요한 사항이 있다. 여기서 말하는 난이도는 명도에 관련된 사항이다. 사람들이 경매하는 것을 주저하는 이유 중 가장 큰 것이 명도인데, 위의 A주택과 B주택의 명도는 많이 다를 것으로 예상한다.

그 이유는 한 주택은 임차인이 단 한 푼도 배당받지 못하는 반면 다른 한 주택은 3,400만 원을 배당받을 수 있다. 3,400만 원의 배당을 받는 임차인은 낙찰자의 명도 확인서를 법원에 제출해야만 배당을 받을 수 있다. 그러나 한 푼도 배당받지 못하는 임차인은 낙찰자의 명도 확인서가 필요 없는 것이다.

사정이 이렇다 보니 3,400만 원을 배당받는 임차인에 비해 한 푼도 배당받지 못하는 임차인은 명도가 어려울 것이며 많은 이사 비용을 요구할 확률이 높다. 그렇다면 3,400만 원의 배당을 받는 주택은 어느 것일까?

그것은 B주택에 거주하는 임차인이다. 각 주택에 설정된 근저당의 금액도 3억 원으로 같고 임차인도 똑같이 보증금이 1억 원씩인데 낙찰가는 A주택이 B주택보다 4,000만 원이나 높은데 왜 A주택의 임차인은 한 푼도 배당받지 못하고 B주택의 임차인은 3,400만 원을 배당받을 수 있는 것일까? 나중에 다룰 소액 임차인의 최우선 변제금에 대해 공부하면 알 수 있다.

문제2) 만약 거주할 집을 임대차 계약하려 한다면, 어느 조건의 주택에 임대차 계약을 하고 사는 것이 좋을까?

A주택(서울 소재)	B주택(서울 소재)
2017.01.11. 근저당 3억 원 2017.02.05. 임차인 김 씨 보증금 1억 100만 원/월 50만 원	2017.01.11. 근저당 3억 원 2017.02.05. 임차인 이 씨 보증금 1억 원 / 월 60만 원

보증금 100만 원과 월 10만 원의 차이가 있다. 한 주택은 보증금이 100만 원 비싼 대신 월 10만 원이 저렴하며, 다른 주택은 보증금이 100만 원 저렴한 대신 월 10만 원이 더 지출된다. 여러분이 임차인이라면 어느 주택에 임대차 계약을 하고 거주하는 것이 좋을까?

만약 내가 선택한다면 비록 매월 10만 원의 비용이 더 발생하더라도 B주택을 선택할 것이다. 만약 집주인에게 문제가 생겨서 두 주택이 경매로 처해진다면 A주택에 거주할 때 단 한 푼도 배당받지 못하고 집을 비워 줘야 하는 일이 발생할 수 있다. 그러나 B주택을 선택한다면 비록 보증금 전액을 보장받지 못하더라도 3,400만 원은 최우선적으로 배당받을 수 있다. 보증금 100만 원 때문에 엄청난 차이가 나는 것이다. 이것이 일반인도 주택임대차보호법에 대해 알아야 하는 이유이며, 이는 경매를 하려면 더더욱 그래야만 한다.

주택임대차보호법은 서민을 위해 만든 제도이다. 이 법이 제정되기 이전에는 일반 매매로 집 주인이 바뀌었을 경우나 경매로 처해지는 경우에 임대차 계약을 하고 거주하는 임차인은 속절없이 보증금을 포기하고 집에서 쫓겨나는 경우가 많았다. 이에 서민들의 권리를 보호하고자 주택임대차보호법을 만들었는데 경매로 투자하는 사람 외에는 잘 모르는 것이 현실이다. 주택임대차보호법은 경매 투자자뿐만 아니라 일반인들도 알고 있어야 한다.

내가 임대차 계약으로 세를 얻어 임차인으로 거주하게 된다면 나의 보증금이 안전하게 보장되는지 경매로 처해질 경우에 얼마나 배당받을 수 있을지를 알고 있어야 보증금을 지키는 방법을 선택할 것 아닌가?

'법 위에 잠자는 자는 보호받지 못한다.'라는 말이 있다. 이는 자신의 권리는 자신이 최대한 지켜야 한다는 말이다. 서민을 보호하기 위해 주택임대차보호법을 제정하였는데, 본인이 몰라서 혜택을 받지 못한다면 이는 전적으로 본인의 책임이라는 것을 명심하자.

17
임차인 최고의 무기는
대항력과 확정일자다

"사장님, 이사하시는 날 전입신고 하시면서 확정일자 받으세요."

중개업소에서 임대차 계약을 체결하면 중개업자가 해주는 말이다. 일반인들은 보증금을 지키려면 이렇게 해야 한다니까 하지만, 이 말 한마디에 주택임대차보호법과 관련된 모든 것이 포함되어 있다는 사실은 모른다.

'이사하시는 날' – 해당 주택을 점유하고 있다는 뜻이며,

'전입신고' – 이 점유의 사실을 외부에 알려주며,

'확정일자' – 점유자는 임대차 계약에 의해 거주하는 임차인이라는 사실을 공표한다.

즉 "사장님, 이사하시는 날 전입신고 하시면서 확정일자 받으세요."는 주택임대차보호법의 적용을 받기 위한 모든 요소가 포함된 말이다.

부동산의 권리는 크게 물권과 채권으로 나뉘는데, 물권에는 우선 변제권이라고 하는 막강한 권리가 부여된다. 즉 다른 권리들보다 우선해서 배당받을 수 있는 권리인데, 후순위 권리자보다 먼저 배당을 해준다. 대표적인 물권은 저당권으로서 등기부등본에 기재함으로써 외부에 알리는 방법을 쓴다.

반면 채권은 물권과 달리 우선 변제권이 없다. 그래서 성립한 시기와 상관없이 일정한 비율로 배당이 되는데, 주택 임대차 계약은 채권적 관계로 경매로 처해지는 경우에는 일부만 배당되거나 전액 배당받지 못할 수도 있다. 이에 정부에서는 임차인의 보호를 위해 일정한 조건을 갖추면 주택 임대차 계약은 채권적 관계이지만 물권과 같은 권리를 주고 있다. 즉 우선 변제권을 부여해준 것인데, 물권의 경우는 성립 요소를 등기부등본에 기재해서 부동산에 해당 권리가 있음을 외부에 알림으로써 충족한다.

그런데 자주 집을 옮기는 세입자들이 그때마다 등기부등본에 기재하고 말소할 수는 없으니 외부에 임대차 계약이 있음을 알리는 방법으로 전입신고와 확정일자 제도를 만든 것이다. 즉 전입신고는 해당 주택에 누군가는 거주한다는 표시이고, 확정일자는 임대차 계약으로 거주한다는 표시이다.

1) 대항력

일정한 요건을 갖추면 그다음 날 0시부터 제3자에 대하여 생기는 효력으로, 임차인은 임대차 기간 동안 계속 살 수 있고, 임대차 보증금을 모두 변제받을 때까지 명도를 거부할 수 있는 권리를 말한다. 말 그대로 제3자에게 대항할 수 있는 힘이다.

① **성립 요건** – 전입신고와 점유(주택의 인도)를 모두 마쳐야 함.
② **성립 시기** – 전입신고와 점유를 모두 마친 다음 날 0시에 발생.

구분	일시
전입신고	2017.04.06.
점유	2017.04.06.
대항력 발생	2017.04.07. 0시

2) 확정일자

① **제정 배경** – 이사 갈 집이 근저당이나 가압류 등이 설정되어 있어서, 대항 요건을 갖추더라도 경매 시 대항력을 행사할 수도 없고 소액 임차인에도 해당되지 않는 대다수의 세입자는 아무런 보호를 받지 못하는 문제점이 있었다. 이에 정부에서는 '문서(임대차 계약서)의 존재를 입증하는 효력'을 가진 확정일자 제도를 도입하여 대항 요건을 갖추고 확정일자를 받은 세입자는 경·공매 시 물권과 같은 효력을 주어 후순위 권리보다 우선하여 임차보증금을 회수할 수 있는 '우선 변제권'을 제정하

게 되었다.

② 확정일자 받는 방법 – 주민센터나 관할 등기소에서 임대차 계약서에 확정일자를 받으면 된다. 2015년 9월 14일부터는 인터넷으로도 신고가 가능해졌다.

③ 효력 발생 시기 – 확정일자를 받은 당일 발생.

3) 우선 변제권

경매 진행 시 기타 후순위 권리보다 우선해서 변제를 받을 수 있는 권리를 말한다.

① 성립 요건 – 대항력과 확정일자를 모두 갖추어야 함.
② 발생 시점 – 우선 변제권의 발생 시점은 대항력을 갖춘 날과 확정일자를 받은 날짜 중 늦은 날이 된다.

▌ 예 1)

구분	일시
대항력 갖춘 날	2017.04.06.
확정일자 받은 날	2017.04.06.
우선 변제권 발생	2017.04.07. 0시

대항력은 2017.04.07. 0시에 발생하고, 확정일자는 2017.04.06.의 효력이 발생하므로 2가지 중 더 늦은 2017.04.07. 0시에 우선 변제권이 발생한다.

구분	일시
대항력 갖춘 날	2017.04.02.
확정일자 받은 날	2017.04.06.
우선 변제권 발생	2017.04.06.
대항력은 2017.04.03. 0시에 발생하고, 확정일자는 2017.04.06.의 효력이 발생하므로 2가지 중 더 늦은 2017.04.06.에 우선 변제권이 발생한다.	

18
소액 임차인에겐
최우선 변제권이 있다

    주택임대차보호법에서 대항력과 확정일자를 갖춘 임차인을 물권처럼 취급하여 배당에 참여할 수 있게 조치하여, 1순위로 전입신고와 확정일자를 받으면 대항력이 생겨 보증금 전액을 지킬 수 있다.

    만약 경매에서 전부 배당받지 못하면 낙찰자에게 미배당금을 요구할 수 있다. 그러나 임차인의 대부분은 근저당 설정 후에 대항력과 확정일자를 갖추어 2순위의 지위를 갖게 되는 경우가 많다. 이럴 경우 대항력이 없기 때문에 임차보증금을 전액 보장받지 못하거나 경매에서 한 푼도 배당받지 못하는 경우도 생긴다. 이는 대부분 소액의 보증금으로 생활하는 임차인들에게 많이 발생하는데, 이에 정부는 소액의 임차인들에게 최소한의 금액을 먼저 배당해주는 방법인 최우선 변제금 제도를 만들었다.

    대항력에 의해 보장되는 보증금은 그 액수에 한도가 없으나, 최우선 변제금을 받기 위해서는 법에서 정하는 소액 보증금 범위 안의 금액으로 계약한 임차인이어야만 한다. 이에 해당하는 소액 임차인은 순위에 상관없이 무조건 최우선 변제 금액을 제일 먼저 배당받을 수 있다.

1) 소액 보증금 범위와 최우선 변제금

최초 근저당 설정 시기	지역 구분	소액 보증금 범위	최우선 변제금
2001.09.15. ~ 2008.08.20.	수도권 중 과밀 억제권역	4,000만 원	1,600만 원
	광역시 (인천, 군 제외)	3,500만 원	1,400만 원
	그 밖의 지역	3,000만 원	1,200만 원
2008.08.21. ~ 2010.07.25.	수도권 중 과밀 억제권역	6,000만 원	2,000만 원
	광역시 (인천, 군 제외)	5,000만 원	1,700만 원
	그 밖의 지역	4,000만 원	1,400만 원
2010.07.26. ~ 2013.12.31.	서울특별시	7,500만 원	2,500만 원
	수도권 (서울 제외)	6,500만 원	2,200만 원
	광역시	5,500만 원	1,900만 원
	기타 지역	4,000만 원	1,400만 원

	서울특별시	9,500만 원	3,200만 원
2014.01.01. ~ 2016.03.30.	수도권 (서울 제외)	8,000만 원	2,700만 원
	광역시	6,000만 원	1,500만 원
	기타 지역	4,500만 원	1,500만 원
	서울특별시	1억 원	3,400만 원
2016.03.31. ~ 현재	수도권 (서울 제외)	8,000만 원	2,700만 원
	광역시, 세종시	6,000만 원	2,000만 원
	기타 지역	5,000만 원	1,700만 원

서울 소재 주택의 등기부등본을 보니 2017년 01월 13일에 근저당이 설정되어 있다면 임차인은 전세나 월세 보증금이 1억 원 이하로 계약하였을 때, 경매로 진행된다면 다른 권리에 비해 아무리 뒤라도 3,400만 원은 최우선으로 배당해준다. 여기에서 보증금 액수가 1억 원에서 단 1원이라도 넘는다면 순위에 따라 배당에 참여할 수 있을 뿐, 최우선적으로 3,400만 원을 배당받지 못하게 되므로 주의해야 한다.

만약 근저당이 2014년 1월 1일~2016년 3월 30일에 설정되었다면 소액 보증금의 범위가 9,500만 원까지이다. 2017년 4월 5일에 임대차 계약을 하더라도 근저당 설정 시기로 판단해볼 때 1억 원에 임대차 계약을 한다면 소액 보증금 범위에 해당되지 않는다.

2) 최우선 변제금을 받기 위한 요건

① 경매 개시 결정일 이전에 전입신고를 해야 한다.

② 임차인은 배당 신청을 해야 한다.

③ 배당 신청은 법원에서 정한 배당 요구 종기일 전에 신고를 마쳐야 한다.

3) 보장 한도

최우선 변제금은 낙찰 금액의 1/2 범위 내에서 배당한다.

▌ 예) 서울 소재 주택

구분	일시
근저당 설정	2017.02.19.
임차인 보증금 1억 원 (대항력과 확정일자 갖춤)	2017.02.21.
낙찰가	6,500만 원
임차인은 원래 3,400만 원을 최우선 변제금으로 먼저 배당을 받아야 하지만, 낙찰가의 1/2이 3,250만 원밖에 되지 않으므로 임차인은 3,250만 원이 최우선 변제금에 배당된다.	

19
주택임대차보호법은
이렇게 적용된다

1) 주택임대차보호법 적용 대상

건물의 용도 및 건축물 관리 대장에 등재된 내용과 관계없이 주거로 사용하고 있다면 주택임대차보호법의 보호를 받을 수 있다. 원래 건축물의 용도가 상가였지만 사실상 영업이 아니라 주거용으로 사용하고 있다면 이 법의 적용 대상이 된다. 무허가, 미등기 건축물이라도 주거용으로 사용하면 이 법의 적용 대상이 된다. 또한 건축물의 준공 승인 당시에는 주거용 건물이 아니었으나, 사정상 주거용 주택으로 사용한 경우에도 이 법의 적용을 받는다.

2) 보호 가능한 보증금액

주택임대차보호법에서 보장되는 금액에는 한도가 없다. 흔히 말하는 전세와 월세의 구분이 없으며, 월 임차료는 인정되지 않고 순수 보증금만을 기준으로 한다.

3) 주택임대차보호법의 각종 사례

① 사무실을 주거용으로 사용한 경우

소유자와 주거용으로 임대차 계약을 체결하고, 임차료를 지급한 사실이 있다면 주택임대차보호법의 대상이 된다. 주택임대차보호법은 공적 장부상으로 판단하는 것이 아니라 실제 사용하는 용도로 판단해야 한다.

② 채권 회수를 위한 임대차 계약

주택에 대한 사용, 수익을 완전히 배제하고 오로지 기존 채권의 회수만을 위한 방법으로 주택 임대차 계약을 체결한 경우에는 주택임대차보호법의 보호 대상으로 인정되지 않는다.

③ 선순위 확정일자부 임차인이 배당 요구 종기일 이후에 배당 요구한 경우

임차인은 배당에서 제외되고 대항력 있는 임차인으로 남아 낙찰자가 보증금 전액을 인수해야 한다.

④ 대항력 없는 임차인이 배당 요구 종기일 이후에 배당 요구한 경우

배당에 참여할 수 없고, 그냥 집을 비워줘야 한다. 따라서 대항력 없는 임차인은 법원에서 정한 배당 요구 종기일 이전에 배당 요구를 해야 배당에 참여할 수 있다.

⑤ 대항력을 갖춘 임차인의 지위를 전차한 임차인의 대항력

주택 임차인이 임대인의 승낙을 받아 임차 주택을 전대하고, 그 전차인이 주택을 인도받아 자신의 주민등록을 마친 경우에는 임차인의 지위를 인수한 전차인은 제3자에 대하여 대항력을 취득한다.

⑥ 친인척 간 임대차의 경우 대항력 여부

성년의 부자지간, 형제간, 동서, 처남, 사위 및 친인척 간의 임대차는 실제 임대차 계약과 돈이 지급된 사실이 있다면 주택임대차보호법의 적용을 받을 수 있다. 그러나 부부간이나 부모가 자식의 집에 세 들어 사는 경우는 사회 통념상 임대차로 인정되기 어렵다.

⑦ 소유자가 주택 매도 후 계속 거주하는 경우 대항력 발생 시기

전소유자가 매도하며 매수인과 임대차 계약을 체결하고 소유권 이전과 동시에 근저당권 설정 시 대항력 발생 시기와 근저당권 사이에 우선 권리가 문제가 된다. 전소유자의 임차인의 지위는 종전 주민등록일이 아니고 소유권 이전과 근저당권 설정이 동시에 된 다음 날 0시로 본다. 따라서 근저당권이 우선하여 전소유자는 대항력이 없다. 주택임대차보호법에서 규정하는 대항 요건 중 하나인 주민등록은 주택임차인으로서의 주민등록을 의미하는 것이지, 소유자로서의 주민등록은 대상이 될 수 없다. 이는 경매로 소유자가 바뀌는 경우에도 똑같이 적용된다.

⑧ 이혼한 부부의 임대차 계약

부부가 합의 이혼 후에 적법하게 임대차 계약을 한 상태라면 주택임대차보호법의 보호 대상이 되지만, 채권자를 속이기 위한 위장이혼인 경우에는 인정되지 않는다. 만약 임대차 계약이 있음을 법원에 신고했는데 이혼 후에도 함께 거주한다면 이는 위장 이혼과 허위 임대차 계약일 확률이 높다.

20
까다로운 녀석,
전세권을 알자

흔히 임대차 계약 시 작성하는 월세, 전세 계약 모두 채권적 권리이다. 민법에서 말하는 전세권이란 채권적 관계가 아니라 등기부등본에 '전세권'이라고 설정하는 물권을 말한다. 지금은 주택임대차보호법에 해당하는 전입과 확정일자만 잘 갖추어도 임차인의 권리를 보호받을 수 있기에 잘 설정하지는 않지만, 가끔 전세권이 설정된 부동산 경매 사건이 나온다. 전세권이란 물권의 한 종류인데 내용이 제법 까다롭다. 우리나라에만 있는 권리로서 전세권을 잘못 판단하면 난처한 상황에 처할 수도 있다.

1) 전세권의 성립
등기부등본에 '전세권'을 설정하면 성립한다.

2) 전세권의 효력

전세권은 물권으로서 우선 변제권이 발생한다. 물권이므로 경매를 신청할 수 있다.

3) 전세권의 특징

물권이기에 소유자의 동의 없이 전전세 및 전세권 양도가 가능하다. 말소도 전세권자의 동의가 있어야만 한다. 그래서 부동산 소유자가 잘 설정해주려 하지 않는다. 전세권은 임대차 계약뿐 아니라, 돈을 빌려주고 설정할 수도 있다. 즉 주택임대차보호법과 달리 점유를 필수 요소로 하지 않는다.

4) 전세권이 최선순위일 때

① 전세권자가 배당 요구 및 경매 신청 시

전세권자가 경매 신청을 했거나 배당을 요구했다는 것은 전세권 계약을 중도에 해지하고 보증금을 반환받겠다는 의사의 표현이다. 결국 전세권도 말소 기준 권리로 전환되어 전세권은 말소되고 이 전세권에 대항할 수 없는 모든 후순위 권리들도 소멸하게 된다.

② 전세권자가 배당 요구를 하지 않았거나 경매를 신청하지 않았을 경우

돈의 지급을 구하지 않았기 때문에 말소 기준 권리가 되지 않고, 전액 낙찰자가 인수해야 한다.

5) 전세권이 말소 기준 권리 이후에 설정되었을 경우

배당 요구 여부나 배당 금액에 상관없이 말소의 대상이 되므로 이 전세권은 아무런 문제가 되지 않는다.

6) 최선순위 전세권이 문제가 되는 경우

전세권을 최선순위로 설정한 경우에 임차인으로서의 대항력도 갖추었다면 이 임차인은 전세권에 의하든 주택임대차보호법에 의하든 보증금 전액을 배당받을 수 있다. 그런데 만약 주택임대차보호법의 적용 요건인 대항력을 갖추지 않았을 경우에 전세권자가 경매를 신청했다면 문제의 소지가 발생한다.

이때의 전세권은 말소 기준 권리가 되며 배당 여부와 상관없이 말소가 원칙이다. 그러나 전액 배당받지 못했을 경우 임차인의 지위로 봐야 할 것인지, 물권에 의한 채권자로 봐야 할지에 대한 견해 때문에 다툼의 소지가 생길 수 있다. 다수의 견해는 미배당금액에 해당하는 금액을 낙찰자가 인수해야 한다고 주장하지만, 아직 대법원까지 진행된 소송이 없기에 난감한 상황이라 할 수 있다.

그러므로 최선순위 전세권이 설정되어 있다면, 배당 요구를 했는지, 했다면 전부 배당을 받을 수 있는지 파악해야 한다. 배당을 다 못 받는다면 차후 미배당금을 인수하거나, 소송으로 진행될 가능성이 많다. 초보자일 경우 선순위 전세권이 설정된 물건은 되도록 피하는 것이 좋다. 대항력 있는 임차인 물건과 같이 어렵고 복잡하다.

점유자를 만날 수가 없다

[주거용건물 / 아파트]
대전 대덕구   **제1층 제107호**

일반공고 | 매각 | 인터넷 | 압류재산(캠코) | 일반경쟁 | 최고가방식 | 총액

처분방식 / 자산구분	매각 / 압류재산(캠코)
용도	아파트
면적	대 17.024㎡, 건물 40.1378㎡
감정평가금액	77,000,000원
입찰방식	일반경쟁(최고가방식) / 총액
입찰기간 (회차/차수)	
유찰횟수	1 회
배분요구종기	2014-10-27
최초공고일자	2014-09-11
공매대행의뢰기관	청주세무서
집행기관	한국자산관리공사
담당자정보	대전충남지역본부 / 조세정리팀 / 1588-5321

📷 사진   🗺 지도   📋 지적도   📍 위치도

📑 부동산정보 조회   ⬇ 감정평가서

[입찰유형]
- ☐ 전자보증서가능   ☑ 공동입찰가능
- ☑ 2회 이상 입찰가능   ☐ 대리입찰가능
- ☐ 2인 미만 유찰여부   ☐ 차순위 매수신청가능

▌ 한 동짜리 1층의 아파트

    대전에 위치한 한 동짜리 아파트이다. 그리고 1층이다. 남들이 별로 선

호하지 않을, 그러나 내가 좋아하는 유형의 물건이다. 감정 평가 금액이 7,700만 원으로 1회 유찰되어 최저가 6,900만 원에 진행되었다.

물건 세부 정보	압류재산 정보	입찰 정보	시세 및 낙찰 통계	물건 문의	부가정보

■ 임대차 정보

임대차내용	성명	보증금(원)	차임(월세)(원)	환산보증금(원)	확정(설정)일	전입일
임차인	김	45,000,000	0	45,000,000	2013-12-06	2013-12-06
전입세대주	김	-	-	-		2013-09-25

[총 2건]

1

⚠ 임대차정보는 감정서상 표시내용 또는 신고된 임대차 내용 등으로서 누락, 추가, 변동 될 수 있사오니 참고 자료로만 활용하여야 하며 이에 따른 모든 책임은 입찰자에게 있습니다.

■ 등기사항증명서 주요정보

번호	권리종류	권리자명	설정일자	설정금액(원)
1	위임기관	청주세무서	-	미표시
2	근저당권	주	2012-09-06	30,000,000
3	제3취득자	김	2014-06-30	0

▌한 동짜리 1층의 아파트

임차인 김○○ 씨의 임차보증금은 4,500만 원으로 대항력이 없다. 근저당 설정일이 2012년 9월로 주택임대차보호법에 의한 최우선 변제금이 1,900만 원이다. 대항력이 없고 최우선 변제금 이상 배분도 받으니 협상만 잘하면 명도는 무난하게 해결할 수 있을 것으로 보였다.

인터넷으로 실거래가를 확인한 후 현장에 방문했다. 주변 부동산에 들렀는데 중간층이 8,500만 원 정도에 거래가 가능할 것으로 얘기했다.

그렇다면 매도가 어려울 경우 급매로 생각해서 보수적으로 7,800~8,000만 원 정도로 접근하면 될 것 같았다.

한 번은 낮에, 한 번은 저녁에 방문했으나 거주하는 임차인을 만날 수가 없었다. 정보를 관리소장에게서 얻어야 했다. 마침 관리소장이 아파트 한쪽에 마련된 분리수거함에서 일하고 있었다.

"안녕하세요~ 소장님."

"네."

"궁금한 게 있어서 여쭤보려 하는데요. 100호 거주하시는 분 있죠?"

"왜요?"

"집 좀 보러 두 번이나 왔는데, 뵐 수가 없어서요."

"그 집, 낮에는 일 나가서 저녁 늦게나 돌아오는데?"

"그렇구나. 혹시 이 아파트에 물이 샌다거나, 금이 가서 불편하다는 등 하자 얘기는 없나요?"

"내가 여기서 5년 넘게 근무했는데, 특별히 그런 말은 못 들어봤는데?"

미납한 관리비도 없는 것이 협상만 잘하면 명도에 큰 어려움이 없을 것으로 생각돼 입찰을 결정했다.

이번에도 단독 입찰을 했다. 한 번 더 유찰되면 입찰할까 고민도 했는데, 평소 대전에서는 유독 낙찰을 잘 받지 못하는 터라 그냥 입찰을 했고, 단독으로 낙찰받았다. 왠지 저렴한 물건을 비싸게 낙찰받은 것 같은 아쉬움이 있었지만, 항상 단독으로 낙찰받은 물건이 더 편하게 많은 수익을 올렸던 것을 생각하니 저절로 위안이 되었다.

평소대로 낙찰이 결정되고 바로 임차인을 만나러 갔다. 역시나 헛걸음을 했다. 며칠 후 저녁에 다시 방문했다. 7시, 8시…… 11시가 넘어서야 집으로 돌아왔다.

'오늘도 집에 안 들어오나 보구나.'

'그럼, 도대체 언제 만나야 하지?'

연락처를 적은 쪽지를 현관문에 끼워 놓았는데도 연락이 없었다. 며칠 후 다시 방문하니, 현관문에 끼워 놓았던 연락처는 보이지 않았다.

"소장님, 혹시 100호 현관문 사이에 제가 연락처 끼워 놓았는데, 직접 치우셨나요?"

"아니오? 치운 적 없는데."

잔금 납부일은 다가오고, 어쩔 수 없이 내용증명을 띄웠다. 항상 그렇듯이 내용증명을 띄우면 바로 연락이 온다. 임차인은 점심 때 출근해서 새벽에 귀가한다고 했다. 그러니 만나기가 어려울 수밖에 없었다.

다음 날 아침 일찍 낙찰받은 아파트로 달려갔다. 다행히 집에 불이 켜져 있었다. 집은 의외로 깨끗해서 크게 손볼 것은 없어 보였다.

"어르신, 이 아파트 공매로 나온 거 아시죠?"

"예, 사위한테 들었어요."

"제가 낙찰받은 사람인데요. 그동안 마음이 심란하셨죠?"

"아무렴요. 매일 편지로 뭐가 날아오고, 보증금은 다 받을 수 있는 건지……."

"보증금은 전부 받을 수 있을 거예요."

입찰 전 한국자산관리공사[이하 캠코(KAMCO)]에 확인 결과, 최선순위 근저당의 채권액이 2,000만 원을 넘지 않아 임차인의 보증금은 전액 배분받을 수 있을 것으로 보였다.

"난, 아무것도 몰라요. 다 사위가 알아서 했으니까."

"보증금은 다 받을 수 있을 것 같으니, 그 점은 걱정 안 하셔도 됩니다. 혹시 이 집에서 계속 사실 의향 있으세요?"

"아뇨, 심란해서 그냥 딸네 집에 들어가려고요."

점유자는 주거를 위해 특별히 집을 구할 필요가 없었다. 그래서 잔금을 납부하기 전에 이사하면서 바로 명도 확인서를 건네주기로 했다. 계속 만나지 못해 명도가 어려워질까 걱정했는데, 생각보다 너무 쉽게 마무리됐다.

사람이 사는 집과 빈 집은 다르다. 사람이 살고 있고, 각종 짐이 있을 때는 느끼지 못했는데 사람이 이사 가고 빈집이 되니 예전과 사뭇 달라 보였다. 가구가 자리 잡고 있던 곳은 주변의 도배 색과 달랐고, 벽면이 지저분해 보였다. 그래서 바닥은 직접 청소하고 도배는 의뢰했다. 벽면과 천장의 낡은 등은 저렴한 것으로 새로 교체했다. 깨끗이 청소와 수리를 하고 매물로 놓았더니 3개월도 지나지 않아 매도할 수 있었다.

▌투자 내역

구분	금액
낙찰	6,960만 원
대출	5,600만 원
취득세 등 지출비	약 150만 원
총 투입 비용	1,500만 원
투자 기간	3개월
실수익	약 1,100만 원
연수익률	약 132%

PART
04

낙찰률·수익률을
2배 이상 높이자

21
낙찰률을 높이는
물건 선정법이 있다

"우와~"

집행관이 낙찰자를 호명하는 순간 울려 퍼지는 감탄의 소리다. 부러움의 표현일까? 이어서 여기저기서 수군거리는 소리가 들린다.

'저 가격에 사려면 급매로 사지, 뭐 하러 경매로 사?'

'시세를 제대로 조사하기는 했나?'

'급매보다도 비싸게 산 거 같은데?'

사람들이 많이 몰리는 경매 물건이 있다. 경매 시장은 규모도 크지만 그만큼 많은 사람이 도전하는 곳이다. 사정이 이렇다 보니 조금이라도 좋아 보이는 물건은 너도나도 몰려든다. 그런 물건은 자연스럽게 낙찰률과 낙찰가가 상승하는 현상을 유발하는데 실거주를 목적으로 낙찰받는 것이라면 시세의 90~95% 이상의 금액으로 낙찰받아도 상관없다. 내가 거주할 집이니 취득세만이라도 절약할 수 있다면 훌륭한 가격에 낙찰받았다고 할 것이다.

그러나 만약 실거주가 아니라 수익을 목적으로 한다면 높은 가격으로 입찰하면 안 된다. 취득세, 양도소득세 등 각종 세금과 경비를 빼고도 수익이 날 정도의 가격에 낙찰받아야 한다. 지금 경매 입찰장에서 낙찰되는 것을 보면 대체적으로 아파트와 다세대 주택은 감정가(시세)의 90% 이상에 낙찰된다. 이는 입찰자가 경매 입찰의 목적을 잊은 것이다. 낙찰받는 사람의 대부분은 투자 수익을 목적으로 하는 사람이지 실거주가 목적이 아니다. 나는 이렇게 모든 사람이 선호하는 물건은 잘 입찰하지 않는다.

나는 전업으로 경매를 해왔고, 경매 교육도 진행하다 보니 주변에서 물건을 추천해달라는 부탁을 종종 받는다. 예전에는 지인들에게도 물건을 추천했지만 지금은 나의 수강생들에게만 한다. 나한테 교육을 받고 나의 사례를 직접 들은 이들은 나만의 물건 선정에 관한 기준과 방법을 이미 알고 있기에 자기 생각과 다르더라도 추천하는 물건을 관심 갖고 지켜본다. 그러나 그냥 친분으로 나를 아는 사람은 내 물건 선정 방식을 이해하지 못한다. 이는 사물을 바라보는 시각이 다르기 때문이다.

나도 경매를 시작하고 얼마간은 모두가 좋아하는 물건에 입찰을 했다. 수익을 목적으로 세금과 급매 가격, 기타 부대비용을 제하고 적정 수익을 책정하고 입찰하니 당연히 낙찰될 턱이 없었다. 수많은 패찰을 거듭

한 끝에 다른 곳으로 눈을 돌리기 시작했다. 모두가 좋아하는 물건이 아닌 나에게 좋은 물건을 찾기 시작했다. 즉 물건 자체가 좋은 것이 아니라 허름하고 낡아도 수익을 올릴 수 있는 물건을 선택한 것이다.

나의 오랜 경험에서 나온 이런 기준으로 지인에게 물건을 추천하면 그들은 투자를 피한다. 부동산 자체가 좋지 않은 물건이라는 본인의 판단 때문이다. 몇 번 같은 상황을 반복하고는 지인에게는 되도록 물건을 추천하지 않기로 했다. 자, 다음 상황을 곰곰이 생각해보자.

① 경쟁률 10대1 아파트, 감정가 2억 2,000만 원
② 경쟁률 3대1 아파트, 감정가 6,000만 원

위 두 종류의 아파트 중 어느 아파트가 더 좋은 아파트일까? 당연히 경쟁률 10대1의 아파트이다. 그럼 낙찰받기 좋은 아파트는 어떤 아파트일까? 당연히 경쟁률이 낮은 2번 아파트이다. 경쟁자가 많은 1번의 아파트는 입지 조건이 좋은 아파트일 것이다. 학교가 근처에 있고, 쇼핑과 학원, 편의 시설이 잘 발달된 곳일 확률이 높다. 반면 경쟁자가 적은 아파트는 이러한 편의 시설이 부족할 것이다. 당신은 어느 물건에 입찰할 것인가?

대부분이 1번 물건에 입찰을 한다. 왜? 좋아 보이니까. 2번의 물건은 입찰하는 것조차 꺼린다. 낡고 오래된 아파트, 또는 외진 곳에 위치한 아파트니까. '이런 아파트를 샀다가 팔 수나 있을까?' 하고 생각한다. 많은 사람의 우려와 달리 낡고 허름한 주택도 잘 매도할 수 있고 항상 거래가 되고 있다.

지방의 낡고 허름한 아파트를 보라. 누군가는 살고 있다. 주택이란 본인의 형편에 맞게 거주한다. 돈이 많은 사람은 그만큼 좋은 주택에, 형편이 어려운 사람은 자기 여건에 맞게 거주를 한다. 즉 옆집보다 조금이라도 저렴하게 매도하려면 어느 집이나 매도할 수 있다는 뜻이다. 그래서 나는 겉보기에 좋고 인기 좋은 물건은 대체적으로 십중팔구 패찰하기 때문에 입찰을 잘하지 않는다.

그럼 어떤 물건을 골라야 할까? 다음에 소개하는, 물건을 선정하는 방법은 내가 입찰할 아파트를 선정하는 일반적인 원칙이다. 여러분도 스스로 판단하여 낙찰률을 높일 수 있는 본인만의 방법을 찾아내기 바란다.

① 인기가 좋은 아파트는 일반적으로 피한다.(높은 경쟁률로 저렴한 가격에 낙찰받기가 쉽지 않으므로)

② 매물이 너무 많은 아파트는 피한다.(매도할 때 경쟁이 심하므로)

③ 남들이 좋아하지 않을 만한 큰 요소가 있다면 좋다.(예를 들면 대형 평수—64평, 55평 등), 나 홀로 아파트, 오래되어 낡은 아파트)

④ 최근 1년 동안 최소 3번 이상 거래가 성사되었다.(저렴하게만 내놓으면 누군가는 산다는 뜻이므로)

위의 4가지 조건에 만족하고 특별한 하자가 없다면 일단 입찰을 고려한다. 그리고 적정 시세를 파악한 후에 급매로 팔아도 손해나지 않을 가격에 입찰하려고 한다. 예를 들면 3개월 전에 비슷한 조건의 아파트가 1억 원에 거래된 사례가 있다면 8,000만 원이나 8,500만 원에 낙찰받으면 일시적으로 가격이 약간 하락하더라도 손해 볼 일은 없다.

내가 낙찰받은 물건은 평균 3대1의 경쟁률을 기록했으며, 단독으로 입찰해서 낙찰받은 물건도 많다. 위의 조건에 만족하는 물건을 찾아 입찰하다 보니 평균 3번 입찰에 1번 낙찰을 받았다. 최대 5번을 넘는 경우는 거의 없었다. 이처럼 불필요한 입찰을 피하는 나만의 방법은 현장 조사와 입찰에서 불필요한 시간과 경비를 줄이는 일석이조의 효과도 있다.

물론 위에서 설명한 방법은 낙찰률을 높이기 위한 나만의 방법이다. 만약에 장기 투자로 미래 가치를 염두에 둔 투자라면 물건 선정 원칙이 달라야 할 것이다. 장래 발전 가치가 있는지, 주변에 개발 호재가 있는지, 건설사가 유명 브랜드인지, 주거 환경이 뛰어난지 등 장기 투자를 생각한다면 다른 기준과 원칙으로 물건을 선정해야 할 것이다.

어느 분야에서든 성공한 사람들은 대부분 대중과 다른 길을 선택한다. 대중과 같은 방법, 같은 길로 가면 수많은 경쟁에서 승리해야 하지만, 대중이 생각하지 않는 소수의 길을 가면 경쟁이 적고 승리할 확률도 높아진다는 것을 명심하자.

22
입찰가는
이렇게 선정하면 된다

앞에서 언급했듯이 나는 평균 3번 입찰에 1번 정도 낙찰을 받는다. 이는 낙찰률이 높은 물건을 선택하는 이유도 있지만, 입찰가를 잘 선정하기에 가능한 것이다. 무조건 입찰가를 높여 쓰면, 당연히 낙찰률은 높아진다. 그러나 중요한 것은 원하는 수익을 달성하는 것이다.

그럼 입찰가는 어떻게 산정할까? 가장 좋은 방법은 입찰가격을 역으로 산출하는 방법이다. 매수가격이 아니라 매도가격부터 정하고 입찰가격을 정하면 된다. 시세를 기준으로 대충 산출하는 것이 아니라 원하는 수익을 정한 후 매도가에서 세금을 제하고 경비를 제하는 방식으로 역으로 거슬러 올라가며 계산하면 입찰가격을 정하는 데 수월해진다.

① 1단계 – 적정 시세 파악하기

적정 시세를 파악하는 일은 정말 중요하다. 시세를 잘못 파악하면 급매로 사는 것보다 비싸게 낙찰받을 수 있다.

② 2단계 – 예상 매도가격 정하기

시세보다 조금 저렴하게 매도한다는 생각으로 급매가로 책정한다.

③ 3단계 – 원하는 수익 금액 정하기

수익률보다는 수익 금액이 더 구체적이고 명확하다. 예를 들면 5,000만 원 정도의 물건은 500만 원의 수익을, 1억~2억 원 정도의 물건은 1,000만 원의 수익을 목표로 한다.

④ 4단계 – 양도소득세 계산하기

원하는 수익 금액에 0.56배를 곱한다. 계산값은 원하는 수익의 44%에 해당하는 금액을 나타낸다.

⑤ 5단계 – 매도가격에서 필요 경비 제하기

보통 취득 가격의 4~5% 정도가 필요하니 보수적으로 매도가의 약 5%를 제한다.

⑥ 6단계 – 입찰가격 정하기

5단계까지의 계산으로 나온 금액이 최대 입찰가가 되고 여기에 꼭 낙찰을 받고 싶다면 수익을 조금 줄이는 방향으로, 수익을 최대한 높이고 싶다면 최대한 저렴하게 입찰하는 방법을 선택하면 된다.

▍ 감정가 6,500만 원, 1회 유찰로 최저가 4,550만 원일 때

구분	금액	비고
예상 매도가격	6,000만 원	보통 급매 가격을 기준으로 한다.
최종 수익	−500만 원	원하는 최종 수익 금액을 말한다.
양도소득세	−392만 원	최종 수익 × 0.56 (만약 양도소득세 내기 전의 수익이 892만 원일 때 양도소득세 44%인 392만 원을 납부하면 최종 수익이 500만 원이 된다.)
필요 경비	−300만 원	매도가의 5% (취득세, 경비, 매도 시 중개수수료 등)
최종 입찰가격	=4,808만 원	.

　　4,808만 원 정도에 낙찰받으면 약 500만 원 안팎의 수익 실현이 가능하다. 만약 조금 덜 남더라도 꼭 받고 싶다면 100만 원 정도 더 높여 쓰던지, 입찰할 사람이 적어 경쟁률이 낮을 것 같다면 조금 더 낮게 입찰해도 된다. 중요한 것은 해당 가격을 썼을 경우 어느 정도의 수익이 가능한지 위 기준으로 파악할 수 있다는 것이다.

　　위 입찰가격 산출 방법은 안전한 투자 방식을 선호하는 내가 생각해낸

보수적인 계산법으로 최악의 경우에도 손해날 일이 없다.

장기 투자나 월세 수입이 목적인 경우에는 다소 공격적으로 투자해야한다. 장기 투자는 미래의 가치를 보고 투자하는 것이고, 월세는 일반 매매에서 얻을 수 있는 수익률보다 다만 몇 %만 높아도 성공하는 투자이니 단기 투자를 위한 입찰보다는 입찰가를 높이는 것이 낙찰에 도움이 된다. 또한 기본 1년 이상 보유하면 양도소득세를 많이 절감할 수 있으니 최소 1년 이상 보유할 생각이라면 조금 더 입찰가를 높여도 좋을 것이다.

▎ 보유 기간이 1년 이내와 1년 이상일 경우 세액 차이

양도소득	보유 기간 1년 이내 (주민세 포함)	보유 기간 1년 이상 (주민세 포함)	차이
1,000만 원	440만 원 (양도소득의 40%)	66만 원 (양도소득의 6%)	374만 원
2,000만 원	880만 원 (양도소득의 40%)	330만 원 (양도소득의 15%)	550만 원

위의 표에서 보듯이 주택 1채를 낙찰받은 후 매도하는 시점이 1년 이내인지, 1년 이상인지에 따라 납부해야 할 양도소득세는 차이가 많이 난다(보유 기간이 1년 이내 매도는 양도소득 금액의 40%를 적용하고, 1년 이상일 경우에는 양도소득 금액에 따라 6~38%의 세율을 적용한다. 238쪽 '⑤양도소득 세율' 참고). 그러므로 이 점도 입찰 시에 반영해서 입찰하는 것이 좋다.

23
명도가 쉬운
물건을 고르자

명도는 사람들이 경매를 기피하는 이유 중 큰 비중을 차지한다. 권리 분석, 현장 조사, 입찰, 소유권 이전 등은 공부하고 몇 번 해보면 자연스럽게 실력이 는다. 그러나 거주하는 사람을 내보내고 집 열쇠를 넘겨받는 것은 몇 번을 경험해도 새롭게 느껴질 때가 많다.

이는 집은 몇 종류 되지 않지만 그 집에 거주하는 사람의 성격은 천차만별이기 때문이다. 나는 오랜 경험으로 웬만한 명도는 어렵지 않게 해결하지만, 경험이 없는 사람들은 명도를 위해 사람을 만나는 것조차 어려워한다. 나도 초보 시절에는 명도에 큰 부담을 느꼈던 것이 사실이다.

항상 조금이라도 더 쉽게 명도를 할 수 있는 방법에 대해 얘기하지만 이왕이면 입찰하기 전에 명도가 쉬운 물건을 고르면 명도에 대한 부담도 적고 대처하기도 수월하니 명도하기 쉬운 물건을 고르는 것도 좋은 방법이다. 명도하기 쉬운 물건을 고르는 요령을 살펴보자.

1) 전액 배당받는 임차인

명도하기에 가장 좋은 물건이다. 배당을 받으려면 낙찰자의 명도 확인서가 필요하니 원만하게 협상할 수 있다. 이런 물건은 이사 비용도 필요하지 않은 경우가 많다. 또한 이런 경우는 낙찰자에게 상당히 협조적이다.

2) 일부 배당받는 대항력 없는 임차인이 거주하는 물건

명도하기 두 번째로 좋은 물건으로 최우선 변제금이라도 받는 대항력 없는 임차인이 거주하는 주택이다. 대항력 없는 임차인은 배당을 받든 받지 못하든 집을 비워줘야 한다. 그런데 최우선 변제금이라도 배당받으려면 낙찰자의 명도 확인서와 인감증명서가 필요하니 협상만 잘하면 무난하게 명도를 마무리 지을 수 있다.

3) 종교 건물, 주택은 피하라

"공장이 경매 물건으로 나왔는데 안전한 건지 좀 확인해주세요."

"권리상 문제는 없는데, 토지 끝부분에 교회 건물이 걸쳐 있네요?"

"왜요, 그게 무슨 문제가 있나요?"

"종교 건물은 명도가 무척 어렵습니다."

"공장만 사용할 건데, 어떻게 하죠?"

"교회가 있는 토지는 없는 셈 칠 수 있으면 입찰하세요."

지인이 공장에 입찰하려 한다며 물건을 분석해달라고 해서 확인해보니 한 필지의 토지 위에 공장과 교회가 있었는데, 교회가 토지 끝부분에 걸쳐 있었다. 지인은 오랜 고민 끝에 교회에서 사용하고 있는 토지는 내 땅이 아니라는 심정으로 원래 없던 토지인 셈치고 입찰했다. 교회에서 사용하는 토지 면적이 낙찰받은 토지에 비하면 그리 큰 면적이 아니기에 기꺼이 감내하기로 한 것이다. 결국 낙찰받아 교회에 무상으로 사용해도 좋다고 얘기했고 목사님은 고마워하며 지금은 친하게 지내고 있다.

위 사례는 입찰할 때 아예 교회가 사용하는 부분은 포기하고 낙찰받았으니 마음고생 없이 편하게 해결된 것인데, 만약에 교회와 토지 사용 문제로 다투려 했다면 무척 피곤했을 것이다. 오히려 이 경우는 교회가 있기 때문에 다른 사람들은 입찰을 꺼려 저렴하게 낙찰받을 수 있었다.

특정 종교를 떠나서 종교계에 종사하는 사람이 거주하는 주택은 피하는 것이 좋다. 교회, 절, 무속인 등 종교계에 종사하는 사람이 거주하는 주택은 명도 협상이 어려울뿐더러 아예 협상조차 시도하지 못하는 경우도 있다. 우리나라에는 전 세계에 드물 정도로 많은 종교가 있다. 단독 주택, 다세대 주택에도 종교 시설을 갖추고 종교 생활을 하는 분들을 봤는데, 이런 물건은 명도가 어려울 수 있으니 유의해야 한다. 물론 대체적으로 그렇다는 것이지 특정 종교인을 비하하거나 비방하려 쓴 글이 아님을 밝힌다.

4) 노약자는 피하라

현장 조사를 할 때 너무도 연로한 어르신이 거주하거나 장애를 갖고 있는 사람이 거주하는 집은 되도록 피하는 것이 좋다. 물론 배당을 전부 받는다면 그나마 명도에 어려움이 적을 수 있지만, 배당금이 소액이거나 아예 한 푼도 배당받지 못한다면 명도가 무척 어렵다. 배당받는 돈이 적어 오갈 데가 없는데 과연 명도가 쉽게 이루어질까?

5) 거주자는 없는데 짐이 있는 경우

거주자는 오래전부터 오지 않는데 살림살이만 있는 경우도 있다. 이 경우 거주자의 연락처를 알 수 있다면 짐을 해결할 수 있지만, 연락처를 모르거나 만날 수 없다면 짐을 처리하는 데 시간이 많이 걸릴 수 있다. 먼저 참가인(관리소장, 집행관 등) 입회 아래 짐을 다른 곳으로 옮겨 놓은 후 주인이 찾아가게 하든지 찾아가지 않는다면 처분해야 한다. 함부로 집에 들어가서 마음대로 짐을 빼면 안 된다.

6) 가압류가 너무 많은 주택은 피하라

등기부등본을 보면 근저당 한두 가지밖에 없는 물건이 있는 반면, 가압류가 많은 주택도 있다. 통상 가압류는 금융권내 담보 대출로도 돈이 부족해서 여기저기 채무자의 신용으로 돈을 빌려 쓰고 못 갚아 발생하는 경우가 많은데, 특히 카드 회사에서 가압류가 많다면 돌려막기 하다가 한계까지 왔다고 보면 된다. 이런 주택은 당연히 보유한 돈이 없으니 다른 물건보다 명도에 어려움을 겪을 수 있다. 명도가 부담스러운 초보라면 가압류가 많은 물건은 다시 한 번 생각해봐야 한다.

이상 몇 가지 예를 들었는데, 명도가 부담스럽다면 일부든 전액이든 배당을 받는 대항력 없는 임차인이 있는 물건에 입찰하면 된다. 대부분 크게 어렵지 않게 명도가 해결되는데 한번 어려운 물건에 부딪히면 다음부터는 입찰하는 자체가 꺼려지니 현장 조사를 나갔을 때, 점유자를 만나지 않더라도 주변 탐문으로 어떤 성향의 사람이 거주하는지 파악해두는 것이 좋다.

24
미분양 아파트를
경매로 낙찰받자

내가 경매를 처음 접하던 시절에도 그렇고 지금도 건설사들이 아파트를 전부 분양하지 못해 미분양 물건이 나오고 있다.

몇 년 새 미분양 아파트 물량이 많이 늘었다. 일반 투자자들은 미분양 물건에 관심을 별로 갖지 않지만, 내게 종종 큰 수익을 가져다주는 좋은 물건이 바로 미분양 아파트이다.

미분양 아파트는 기본적으로 대출이나 분양 가격에서 일반 분양 물건보다 많은 혜택이 있다. 정상적으로 분양받은 사람들은 반발이 심하지만 건설사로서는 어쩔 수 없는 선택이다. 할인해서라도 팔지 않으면 전부 재고로 남으니 하나라도 더 판매해야 하기 때문이다.

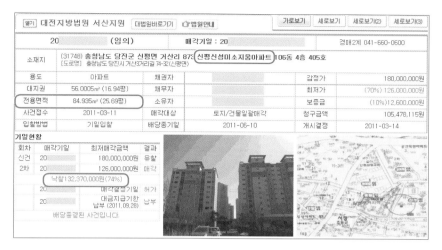

물기 대전지방법원 서산지원		대법원바로가기	법원안내	가로보기	새로보기	새로보기(2)	새로보기(3)

20	(임의)		매각기일 : 20		경매2계 041-660-0600
소재지	(31748) 충청남도 당진군 신평면 거산리 873 신평신성미소지움아파트 106동 4층 405호				
	[도로명] 충청남도 당진시 거산3거리길 74-32(신평면)				
용도	아파트	채권자		감정가	180,000,000원
대지권	56.0005㎡ (16.94평)	채무자		최저가	(70%) 126,000,000원
전용면적	84.935㎡ (25.69평)	소유자		보증금	(10%)12,600,000원
사건접수	2011-03-11	매각대상	토지/건물일괄매각	청구금액	105,478,115원
입찰방법	기일입찰	배당종기일	2011-06-10	개시결정	2011-03-14

기일현황

회차	매각기일	최저매각금액	결과
신건	20	180,000,000원	유찰
2차	20	126,000,000원	매각
	낙찰132,370,000원(74%)		
	20	매각결정기일	허가
	20	대금지급기한 납부 (2011.09.28)	납부
배당종결된 사건입니다.			

▌ 당진시 미분양 신성아파트 낙찰 사례

당시는 당진 개발이 한참 진행되던 시기라 비슷한 시기에 여기저기 건설사에서 많은 물량의 아파트를 지었다. 당연히 많은 미분양 사태가 일어났고, 경매 물건으로도 많이 나왔다.

경매 사건의 감정가격이 1억 8,000만 원인데, 이는 당시 분양 가격으로 실거래가는 1억 5,000만 원 정도였다. 중개업소에서 거래되던 가격과 건설사에서 할인해서 판매하던 미분양 물건의 가격이 같았다.

나는 이 사실을 알고 있었기에 약 1억 3,200만 원에 낙찰받았고, 적정한 시세로 매도하여 수익을 얻었다. 미분양 물건이고 그때는 단기 투자를 선호했기에 매도를 빠른 시간에 마무리 지었다.

거래	확인일자	매물명	112 ∨	동 ∨	층	매물가(만원)	연락처
매매	확인매물 17.04.12.	신평신성미소지움	112C/84	103동	저/15	↓ 18,500 매경부동산	당진신성미소.. 041-363-8966
매매	확인매물 17.03.29.	신평신성미소지움 급매	112C/84	106동	11/14	19,500 부동산뱅크	현공인중개사.. 041-363-8929

▌ 신성아파트 현재 네이버 매물

이 물건의 현재 시세다. 몇 년이 흐른 후 분양가를 회복하고 오히려 분양가를 넘어섰다. 일반 매매로 미분양 물건을 매입했어도 약 3,000만 원이상 수익을 올렸는데, 경매로 더 저렴하게 매입했으니 2배 이상의 수익이 난 것이다. 연간 약 1,000만 원씩 오른 것이나 마찬가지다. 이 부동산만의 특이한 사례라고 반문하고 싶은가? 그럼 다음 물건은 어떤가?

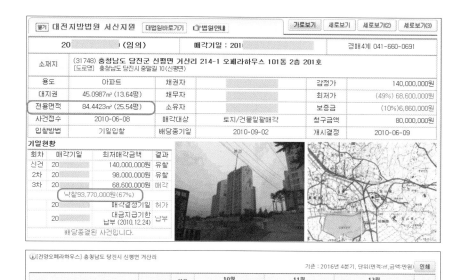

| 물건 대전지방법원 서산지원 | 대법원바로가기 | 법원안내 | | 가로보기 | 세로보기 | 세로보기(2) | 세로보기(3) |

20 (임의)		매각기일 : 201			경매4계 041-660-0691
소재지	(31748) 충청남도 당진군 신평면 거산리 214-1 오페라하우스 101동 2층 201호 [도로명] 충청남도 당진시 중말길 10(신평면)				
용도	아파트	채권자		감정가	140,000,000원
대지권	45.0987㎡ (13.64평)	채무자		최저가	(49%) 68,600,000원
전용면적	84.4423㎡ (25.54평)	소유자		보증금	(10%)6,860,000원
사건접수	2010-06-08	매각대상	토지/건물일괄매각	청구금액	80,000,000원
입찰방법	기일입찰	배당종기일	2010-09-02	개시결정	2010-06-09

기일현황

회차	매각기일	최저매각금액	결과
신건	20	140,000,000원	유찰
2차	20	98,000,000원	유찰
3차	20	68,600,000원	매각
		낙찰93,770,000원(67%)	
	20	매각결정기일	허가
	20	대금지급기한 납부(2010.12.24)	납부
		배당종결된 사건입니다.	

[건양오페라하우스] 충청남도 당진시 신평면 거산리

기준 : 2016년 4분기, 단위(면적:㎡,금액:만원) 인쇄

단지	지번	전용면적	10월		11월		12월		건축년도
			계약일	거래금액(층)	계약일	거래금액(층)	계약일	거래금액(층)	
건양오페라하우스	214-1	84.44					1~10	16,300(10)	2006

▌당진시 미분양 오페라아파트 낙찰가격과 2016년 실거래가

　이 물건도 내가 낙찰받았던 물건이다. 현재 나온 매물은 없는데 2016년 12월에 1억 6,300만 원에 거래된 적이 있다.

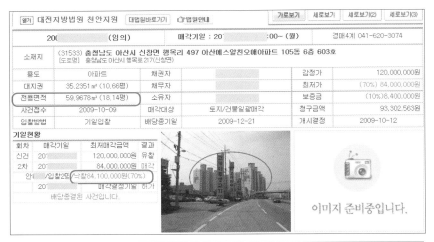

단지	지번	전용면적	10월		11월		12월		건축년도
			계약일	거래금액(층)	계약일	거래금액(층)	계약일	거래금액(층)	
아산에스알친오애	497	59.97	1~10	12,800(15)	11~20	13,000(14)			2007
				13,900 (5)					
				14,400 (8)					
			21~31	13,400 (2)					

▌ 아쉽게 낙찰받지 못한 아산의 아파트와 2016년 실거래가

　　당시 위의 물건들은 모두 미분양 아파트였다. 정말 발전 가능성이 없고, 너무 외진 곳의 아파트가 아니라면 대부분의 미분양 아파트는 분양가를 회복한다. 시간과 자본에 여유가 있다면 미분양 아파트를 경매로 매입하여 조금 기다려보자. 큰 수익으로 돌아올 대박을 품은 알과 같다는 사실을 알 수 있을 것이다.

25
위장 임차인 물건은
고수익이 가능하다

나는 다른 특수 물건은 잘 하지 않지만, 위장 임차인 물건은 즐겨 입찰하는 편이다. 법원에서 현황 조사차 경매 물건 부동산을 방문할 때 소유자 외에 전입신고된 사람이 있을 경우 소유자와의 관계를 정확히 파악할 수 없을 때는 우선 임차인으로 공시하고, 임대차 관계는 '미상'으로 현황 조사서를 작성한다.

소유자 외의 사람이 전입신고되어 있고, 정확한 임대차 관계를 파악할 수 없을 때는 대부분 위장 임차인이 있는 물건이다.

전입신고된 사람과 소유자와의 관계는 입찰에 참가하고자 하는 사람이 현장 조사로 직접 밝혀내야 한다. 전입신고된 시점이 말소 기준 권리보다 늦다면 대항력이 없으므로 낙찰만 된다면 집을 비워줘야 하니 위험성이 없다.

그러나 전입 시점이 말소 기준 권리보다 빠른 대항력 있는 임차인이라면 위험한 물건으로 돌변한다. 만약 배당 요구를 하지 않았거나 배당 요구를 했지만 보증금 전액을 배당받지 못했다면 낙찰자가 인수해야 하니, 대항력 있는 임차인 물건은 경쟁률이 낮을 수밖에 없다.

　반대로 대항력 있는 임차인인줄 알았는데 조사해보니 임차임이 아니라는 사실을 알아낸다면, 경쟁률도 낮고 저렴하게 낙찰받을 수 있는 기회가 되니 도전해볼 만하다.

　보통은 대항력 여부와 상관없이 임차인이 거주하는 주택은 경매로 처해지면 배당을 요구하기 마련인데, 간혹 진짜로 임대차 계약을 체결한 대항력 있는 임차인이 배당 요구를 하지 않는 경우가 있다. 본인이 저렴하게 낙찰받으려고 일부러 신고하지 않는 경우가 대부분으로 정말로 위험한 물건이다. '진정한 임차인이 아니니까 신고하지 않았겠지?'라고 속단하고 입찰하면 안 된다.

　대부분의 채무자(부동산 소유자)는 돈을 갚기 어려우면 조만간 채권자가 압류하거나 부동산이 경매에 처해질 거라는 것을 잘 알고 있다. 그러면 최소한의 금액이라도 회수하고 싶은 마음에 주변 상황을 이용하여 임차인으로 신고하여 최우선 변제금이나 허위로 신고한 임차보증금을 요구하려 임차인 행세를 한다. 이런 경우 진정한 임차인이 아니므로 잘 살펴봐야 하는데, 조사해보면 임대차 계약을 하지 않은 사람임을 알아낼 수 있다.

[임차인이 허위로 의심되는 정황]

① 경매 개시 기입 등기 직전 또는 직후의 임차인

채무자가 최우선 변제금을 배당받을 목적으로 경매 개시 결정 즈음에 지인이나 친인척 명의로 전입신고를 하는 경우가 있다.

② 전입신고는 되어 있으나 확정일자가 없는 임차인

보통 임대차 계약을 하면 부동산 중개업소에서도 확정일자 받을 것을 권유하거나 직접 받아주기도 한다. 임차인의 보증금을 지키는 최소한의 방법이 확정일자인데 이를 받지 않았다는 것은 진정한 임차인이 아닐 가능성이 크다는 반증이다.

③ 전입신고와 확정일자 사이 기간이 상당히 차이 나는 경우

보통 임차인이 이사하고 주민센터에 전입신고를 하면 동시에 확정일자를 받는다. 그런데 이 사이의 기간이 크다는 것은 원래 임대차 계약 없이 무상으로 거주하던 사람인데, 경매에 처해지니 소액이라도 받을 생각에 허위로 임대차 계약을 작성하고 확정일자를 받았을 확률이 높다. 그러나 1년, 2년 단위로 보증금을 증액하고 새로 확정일자를 받았을 수도 있으므로 철저히 조사해야 한다.

④ 소유자와 전입 시기가 비슷하고 대항력이 있으나 임차인으로 권리 신고하지 않은 사람

법원에서 '임대차 관계 미상'으로 매각 명세서에 공시한 경우, 소유자 외의 다른 사람이 거주하는 것인데, 소유자와 친인척 관계나 지인의 경우에는 임대차 계약이 없으므로 굳이 임대차 계약을 밝히지 않는 경우도 있다.

⑤ 주택 담보 대출 실행 당시 시세에 맞춰 최대한 대출을 많이 받은 경우

은행에서 주택 담보 대출이 당시 시세에서 최대한으로 대출할 수 있는 금액이 실행되었다면 임차인이 아닐 가능성이 크다. 대부분의 은행은 소유자 외에 전입한 사람이 있다면 대출을 잘 실행하지 않거나, 임대차 관계가 없는 사람으로 판단될 때만 대출을 실행하기 때문이다. 그러나 당시 시세 기준으로도 현저히 낮은 금액으로 대출이 되었다면 진정한 임차인일 가능성이 있다.

⑥ 소유자의 가족으로 조사된 경우

부모님이나 형제지간으로 임대차 계약 없이 무상으로 거주하는 경우에도 임차인으로 표시될 수 있다. 적법한 계약으로 부모님의 집에 임차해 사는 자식 또는 소유자와 형제지간에 실제 계약하고 임차인으로 거주하는 정도의 경우 외에는 대부분이 무상으로 거주하는 사례가 많다.

⑦ 권리 신고가 불분명(법원의 현황 조사와 권리 신고 내용이 다른 경우)

법원에서는 채권자로부터 경매 의뢰가 접수되면 현황 조사를 실시하여 그 내용을 기록, 공시하게 되어 있는데 방문 당시 진술했던 내용과 권리 신고 때에 신고한 내용이 다른 경우에는 위장 임차인일 가능성이 크다.

⑧ 임차보증금이 작성 당시 가격과 많이 차이 나는 경우

전입한 시기는 오래됐는데 임대차 보증금 시세는 현재와 비슷하다거나, 전입 당시의 임대차 시세보다 현저히 높은 경우는 의심할 만하다. 단, 여러 차례에 거쳐 보증금을 증액했을 수도 있으니 철저히 조사해야 한다.

148

⑨ 등기부등본상 소유자의 근저당 설정 시 주소가 경매 물건지인 경우

채권자가 경매 부동산을 취득할 당시 해당 주택으로 주소지가 기재되어 있고, 근저당도 해당 주소지로 설정되었으며 퇴거(다른 곳으로 이사했을 경우 등기부등본에 '전거'로 표기)한 내용이 없다면 아직도 해당 부동산에 거주할 확률이 높다.

⑩ 부부가 경매 개시 결정 즈음에 협의 이혼하고 그중 한 명이 임차인으로 신고된 경우

부부가 경매에 처해질 즈음에 채무를 회피할 목적으로 이혼을 하는 경우가 있다. 법에서는 부부가 이혼하고 그중 한 명이 퇴거하고 정당하게 임대차 계약을 체결하였다면 그날로부터 임대차 계약을 인정해준다. 그러나 이혼한 상태에서도 한 집에서 같이 살며 임대차 계약을 체결했다는 것은 인정받지 못하므로 같이 동거하는지 여부를 조사해야 한다.

위장 임차인으로 의심되는 물건은 임대차 계약 사실이 없거나 허위로 판단할 만한 확실한 증거가 있다면, 큰 수익을 안겨줄 수 있는 최상의 물건이다. 그러나 확실히 조사하지 못하고, 의심만으로 또는 느낌만으로 입찰한다면 자칫 대항력 있는 임차인의 보증금을 물어줘야 하는 경우도 생기니 철저히 조사해야 한다.

26
매도를 2배 빨리 하는
비결이 있다

1억 4,000만 원에 아파트를 낙찰받고, 낙찰가의 80%인 1억 1,200만 원을 연 4%의 이율로 대출받았다. 내 돈은 세금 포함 약 2,800만 원이 투입됐다. 다음의 두 경우 중 어느 것이 투자자에게 이익일까?

　① 1억 7,000만 원에 2개월 후에 매도
　② 1억 6,800만 원에 지금 매도

사람마다 견해는 다를 수 있지만 나는 ②번이 좋다고 생각한다. 그 이유는 200만 원을 덜 받더라도 자본금이 빨리 회수된다는 점이다. 200만 원이나 저렴하게 매도했지만 자본금과 수익이 빨리 회수되니 또 다른 물건에 투자를 할 수 있다. 또한 2개월 후에 매도한다면 2개월 대출이자가

80만 원 정도 발생한다. 결국엔 200만 원 저렴하게 매도했지만, 120만 원 정도 수익이 줄어든 것이다.

나는 경매를 처음 시작할 당시 갖고 있는 자본금이 소액이다 보니 장기 투자보다 단기 투자를 선호했다. 낙찰받고 빠르게 매도하면 수익 실현도 빨리 이루어지지만 더 좋은 점은 자본금이 빨리 회수되어 다른 물건에 또 투자할 수 있었기 때문이다. 한 물건에 투자 가능한 돈을 전부 묻어 놓고 기다리는 것보다 빨리 회수해서 또 다른 물건에 투자하는 것이 그때로서는 최선의 방법이었다. 그래서 조금이라도 더 빨리 매도하는 방법을 찾게 되었고, 이런 경험들이 쌓여 하나의 노하우가 되었다. 빨리 매도하는 몇 가지 방법을 알아보자.

1) 중개수수료 2배

중개업자는 매매 또는 임대차 계약을 성사시키면 매수인, 매도인에게 각각 수수료를 받는다. 중개업자는 주택의 매매 거래 성사 시 거래 가격이 5,000만 원 이상 2억 원까지 거래 가격의 0.5%를 법정 수수료로 받는다. 그런데 나는 2배인 1%를 제시한다. 어차피 매수하고 싶은 사람이 있어야 거래가 되는 것인데 굳이 그럴 필요가 있느냐고 반문하는 사람이 있는데, 당연히 그럴 필요가 있다.

수수료 2배의 효과는 상당하다. 중개업자들은 자신에게 의뢰된 부동산만 거래하는 것이 아니다. 요즘엔 중개업소끼리 소통이 잘 돼서 자신에게 의뢰된 물건 중 소개할 만한 것이 없으면 다른 중개업소에 연락해서 고객에게 맞는 물건을 추천해주고 거래를 성사시킨다.

이런 경우 수수료 2배의 효과는 크게 작용한다. 내 주택을 먼저 팔아주려고 노력하는데, 하물며 같은 단지의 아파트라면 무조건 거래 성사 대상 1순위 물건이 되는 것이다.

2) 모두가 중개인

"관리사무소로 혹시 매물 나온 거 있는지 물어보는 사람 있죠?"

"그럼요. 이 근처엔 중개업소가 없으니, 집 나온 거 있는지 알아보러 직접 오는 분들이 있죠."

"그럼, 제 집 OO동 OO호로 사람 오면 좀 연결시켜 주실래요? 매매 거래 성사되면 중개수수료를 소장님께 드릴게요."

이렇게 관리사무소 소장에게 부탁한 물건은 얘기한 지 1개월 만에 매도를 완료했고, 중개업소에서 제시했던 가격보다 500만 원이나 비싸게 팔 수 있었다. 소장이 집에 대해 긍정적으로 이야기했기에 가능한 일이었다. 물론 이 소장에게 중개수수료의 2배에 해당하는 수고비를 두둑하게 주었다. 어차피 중개업소에 줄 돈이었으니 아까울 이유가 전혀 없었다.

내 주변에는 부동산을 팔아주는 사람들이 많다. 물론 기본적으로 해당 물건의 주변에 있는 중개업소에 물건을 의뢰하지만, 빼놓지 않고 물건을 팔아달라고 말하는 곳이 있다. 관리사무소나 경비 아저씨이다. 시골이나 조금 외진 곳에는 인근에 중개업소가 없는 곳도 많다. 최소 차로 5~10분 정도의 거리에 중개업소가 있는 주택은 해당 건물을 관리해주는 경비 아저씨나 관리사무소에서 중개를 성사시켜 주는 경우가 많다. 그리고 외진 곳의 아파트 등은 아예 관리사무소에 물건을 의뢰하는 사람도 있다.

나도 아파트나 연립주택의 시세를 관리사무소에 물어보는 경우가 많은데, 여기에 나온 매물을 보면 어느 정도 적정 시세를 파악할 수 있다. 대신 중개수수료에 해당하는 수고비를 약속하면 나온 매물 중에서도 제일 먼저 성사되는 경우가 많다. 간혹 해당 물건지의 주변에 사는 사람이 거래를 성사시켜주기도 한다.

3) 지역 생활정보지를 이용하라

생활정보지의 힘은 의외로 강력하다. 중개업소 등에 매물로 내놓고도 2~3개월 정도 거래가 성사되지 않으면 나는 지역 생활정보지에 의뢰한다. 각 지역마다 교차로, 벼룩시장 등 생활정보지가 있는데 중개수수료를 절약하고자 하는 실수요자들이 종종 이용한다. 약간의 수수료가 들기는 하지만 효과는 제법 좋다. 중개업자도 종종 의뢰인의 매물을 등록하는데 그만큼 생활정보지를 보는 사람이 많다는 방증이다. 특히 '주인 직접'이란 문구의 매물은 해당 부동산의 현장 조사 시 시세를 파악하는 용도로 요긴하게 쓰인다.

지역마다 선호하고 활성화된 정보지의 종류가 다르니 그 지역에서 가장 크게 운영되는 회사의 정보지를 이용하는 것이 좋다. 요즘엔 인터넷 판에도 동시에 게재하는 곳이 많으니 인터넷으로 찾아보는 것도 좋다. 지방의 소도시는 중개업소에 어느 생활정보지가 가장 많이 이용되는지 문의하는 것도 좋은 방법이다.

27
대출에 대한 하수의 생각 vs.
고수의 생각

한 아파트를 약 5,300만 원에 낙찰받았다. 세금과 부대 비용 포함 약 5,500만 원이 들었고, 낙찰가의 80%인 4,200만 원의 경락 대출을 받았다. 이 아파트의 월세는 보증금 500만 원에 35만 원이었다. 당시 대출 금리는 조금 높은 편으로 4% 정도의 이자를 냈다. 그럼 수익률을 따져보자.

매입가 : 5,600만 원

담보 대출 : 4,200만 원

임대료 : 500만 원 / 35만 원

투입 자본 : 900만 원

대출이자 : 168만 원(4%로 계산)

임대 수익 : 420만 원(35만 원 × 12개월)

연수익 : 252만 원

수익률 : 연 29%

　우량 부동산의 평균 임대 수익률이 5~7%인 것을 감안하면 엄청난 수익률이다. 이는 대출이라는 훌륭한 지렛대를 사용한 결과이다. 만약 경매가 아닌 일반 대출로 이 아파트에 투자한다면 주택을 담보로 50%에서 최대 60% 정도 대출이 가능하다. 그럼 60%로 수익률을 계산해보자.

매입가 : 5,600만 원

담보 대출 : 3,600만 원

투입 자본 : 2,000만 원

대출이자 : 144만 원(4%)

임대 수익 : 420만 원

연수익 : 276만 원

수익률 : 14%

　이렇듯 수익률이 2배 이상 차이 난다. 대출을 잘 이용하면 수익률을 높이는 데 효과적이라는 것을 알 수 있다.

　이 아파트를 매도할 때의 이야기이다. 제법 아파트의 수익률이 좋았지만 아파트 시세의 상승이 쉽지 않을 것으로 판단해서 매도하기로 마음먹었다. 시세보다 조금 저렴하게 매물로 내놓으니 얼마 지나지 않아 젊은 여성이 매수인으로 나타났다. 당시 매수인은 30대 초반으로 나와 비슷한 연배였다. 매매 계약을 체결하는 도중에 남편에게서 전화가 왔다. 목소리 톤이 높아 수화기 너머로 남편의 목소리가 쩌렁쩌렁하게 들렸다.

"아, 왜 그런 아파트를 사냐고~"
"괜찮다니까그래. 이상 없다고."
'응? 이상이라니, 무슨 소리야? 내 아파트가 어때서?'
사뭇 두 사람의 대화가 더 궁금해졌다.
"왜 대출이 그렇게 많은 집을 사냐고."
"대출은 매도인에게 잔금 줄 때 대출금만큼 빼고 준다니까."
"그래도, 하필 대출 많은 집을 사냐고."
"잔금도 매도인에게 직접 주는 게 아니고, 법무사가 대출금 다 갚고 나머지 금액만 매도인에게 전달하는 거라니까."
"하여간 내가 말리는데도 당신 고집으로 사는 거니까, 문제 생기면 알아서 해!"

'문제? 무슨 문제? 근저당이 설정된 것 외엔 깨끗한 부동산에 무슨 문제?'

은근히 답답함과 함께 화마저 치밀었다. 또한 매수인에게 동정심마저 생겼다. 몰라도 저렇게 모를 수가! 근저당 있는 집을 사면 불안하다니, 너무도 어이가 없었다. 가끔 연배가 있는 어르신들 중에 근저당이 설정되지 않은 부동산만 거래하려는 모습을 본 적이 있다. 그들은 어느 정도 이해가 간다. 생전 부동산 투자도 안 해봤을 것이고 큰돈이 드는 거래이다 보니 무조건 신중함을 택할 수도 있다. 그러나 젊은 사람이 이렇게 모른다니 이해하기 힘들었다. 모르는 것이 무슨 죄냐고 반문할 수 있겠지만, 빠듯한 살림 재테크로 재산 좀 불려보겠다는 아내에게 도움을 주지는 못할지언정 방해는 하지 말아야 할 것 아닌가?

무조건 대출을 많이 받으라는 이야기가 아니다. 대출의 효용성을 잘 따져서 투자에 이용하라는 것이다.

문어발식 투자로 월세를 받기 위해 대출을 이용해 많은 주택을 소유한 사람이 있었다. 대출을 많이 받아서 소유한 주택에서 한동안 임대 수익이 괜찮았다. 그러나 금리가 오르기 시작하자 수익률은 떨어졌고, 특히 공실이 발생하니 대출이자는 고스란히 집주인의 부담으로 작용했다. 이런 과정이 몇 차례 반복되다가 결국 파산 신청을 하게 되었는데, 이는 대출을 잘못 사용한 예라 할 수 있다.

세상 모든 일에는 균형이 중요하다. 어느 한쪽으로 치우치면 탈이 나게 마련이다. 자기가 감당할 수 있는 규모의 대출을 잘 활용한다면 부로 가는 시간을 반으로 줄일 수 있다는 점을 명심하자.

28
부부는 최고의 콤비,
함께하면 더 좋다

나는 공동 투자를 잘 하지 않는 편이다. 사공이 많으면 배가 산으로 간다고 결정권자가 많으면 득보다 실이 많기 때문이다. 공동 투자는 투자에 대한 부담이 적다는 것이 장점이다. 투자 비용을 서로 부담하니 큰 자본금이 없어도 투자에 참여할 수 있다. 또한 여럿이서 정보를 공유하며 합리적인 의사결정을 유도할 수 있어 혼자 결정할 때의 실수를 줄일 수 있다. 그러나 단점도 있는데, 가장 큰 문제는 의견이 엇갈려 서로 충돌할 수 있다는 점이다.

특히 매도 시점에서 의견 충돌이 가장 많이 난다. 매수하는 가격은 서로 합의 하에 결정하지만 막상 낙찰받고 매도 시기가 되면 시세 상승을 생각하고 보유를 주장하는 사람과 하루라도 빨리 매도해서 수익을 실현하고 싶은 사람으로 나뉘게 된다. 이때 협의하는 과정에서 서로 마음이

상하게 되어 어느 한쪽으로 결론이 난 뒤에 다시는 서로 안 보는 경우도 많이 보았다. 이런 점을 방지하고자 투자 약정서도 작성하지만, 그럼에도 그 과정이 쉽지만은 않다.

또 낙찰과 매도 계약까지의 과정에서 자기 역할에 불만이 생기기도 한다. 경매 과정은 잔금 납부부터 명도, 수리, 매도에 이르기까지 몇 번이나 부동산을 방문해야 한다. 특히나 명도는 누구나 어렵게 생각하는 부분이다. 누군가는 해야 할 일이지만 선뜻 나서기 쉽지 않고, 어느 누군가는 더 일을 많이 하게 마련이다. 서로 잘 이해하며 계속 좋은 관계가 유지되면 좋겠지만, 좋지 않게 헤어지는 사람을 많이 봤다. 여러모로 공동 투자는 쉬운 방법이 아니다. 그러므로 서로 신뢰하고 상대방보다 약간의 손해를 감수할 마음이 있을 때 공동 투자를 생각하기 바란다.

혼자서 투자하면 이것저것 따질 것 없이 편하지만, 가끔은 외롭고 고독하다. 입찰 대상을 선정할 때도, 현장 조사를 할 때도, 매도를 결정할 때도 오롯이 혼자 결정하고 혼자 다녀야 하니 외롭다. 밥도 혼자 먹을 때가 많다. 이제 나는 이런 생활이 익숙해졌지만, 기왕에 부동산 투자를 생각한다면 부부가 함께하기를 권한다. 내가 생각하는 가장 좋은 방법이 부부가 함께 투자하는 것이다. 부동산 경매를 부부가 함께하면 공동 투자와 개인 투자의 단점은 반으로 줄고, 장점은 배가 된다.

부부 공동 투자는 우선 의사결정에 의견 충돌이 적다. 그리고 서로의 의견을 좀 더 존중하고 양보하게 된다. 잘못된 의사결정을 하게 돼도 훌훌 털어버리고 다음 투자에 집중하기 쉽다. 그러나 남과 하는 공동투자는 결과가 좋지 않을 때, 다음 투자를 같이 진행하기 어려워진다. 또한 다른 사람들과는 시간을 잡고 따로 만나 투자에 대해 이야기를 해야 하지만, 부부는 언제 어느 때고 생각날 때마다 서로의 의견을 교환하고 얘기하기에도 좋다.

부부가 함께 경매 투자를 하면 가장 좋은 점은 수익률을 높일 수 있다는 것이다. 같은 가격에 낙찰받고 같은 가격에 매도해도 혼자 하는 투자보다 부부가 함께 투자할 때의 수익률은 엄청나게 차이 난다.

부동산 투자에 관심이 많고, 세금에 대해 지식이 있는 사람은 이 말을 알겠지만, 내가 교육하다 보면 모르는 사람이 대부분이다. 무슨 이야기인지 지금부터 설명하겠다.

현재 부동산 관련 세금 중에서 가장 큰 비중을 차지하는 부분이 양도소득세이다. 일반 매매든 경매로든 부동산을 매입하고 매도하게 되면 양도소득세를 내야 하는데, 부동산 관련 사업자를 제외하고 일반 투자자들은 1년에 한 번, 250만 원의 기본 공제를 해준다. 이 기본 공제에 대해 알아보자.

[양도소득세 기본 공제]

① **공제 한도** : 연간 250만 원

② **공제 대상** : 개인별

③ **횟수** : 제한 없이 250만 원을 모두 채울 때까지 공제 가능

④ **적용 시기** : 1년간 250만 원. 공제 한도 금액에 상관없이 매년 250만 원이 가능하고, 미사용했다 하여 누적되지 않음. 즉 올해 공제에 적용하지 않았다고 이듬해에 500만 원이 공제되지 않음.

여기서 가장 중요한 것은 공제 대상이다. 대부분의 분양권이나 가구수를 산정할 때에는 세대를 기준으로 하지만 기본 공제는 인당 기준으로 한다. 즉 개개인을 대상으로 한다는 것이다. 경매로 낙찰받아 1,500만 원이 수익으로 남았다고 할 때, 나 혼자 투자했다면 250만 원의 기본 공제로 1,250만 원에 대한 세금을 기준으로 양도소득세율을 계산해야 한다면, 부부가 공동 명의로 낙찰받고 매도했을 때는 각각 250만 원씩 기본 공제한 500만 원을 기준으로 양도소득세율을 계산하면 된다.

이렇게 계산할 경우 기본 공제 250만 원의 혜택도 있지만 세율도 달라진다. 양도소득 금액이 1,200만 원 이하는 6%의 세율이 적용되지만, 1,200만 원 이상이라면 15%의 세율이 적용된다.

▌ 1년 이상 보유 시

구분	개인 투자	부부 공동 명의	
양도 차익	1,500만 원	750만 원	750만 원
기본 공제액	250만 원	250만 원	250만 원
양도소득	1,250만 원	500만 원	500만 원
양도소득세율	15%	6%	6%
납부할 세액	1,250만 원 × 0.15 = 약 188만 원	500만 원 × 0.06 = 30만 원	500만 원 × 0.06 = 30만 원
		총 60만 원	

구분	개인 투자	부부 공동 명의	
양도 차익	1,500만 원	750만 원	750만 원
기본 공제액	250만 원	250만 원	250만 원
양도소득	1,250만 원	500만 원	500만 원
양도소득세율	40%	40%	40%
납부할 세액	1,250만 원 × 0.4 = 500만 원	500만 원 × 0.4 = 200만 원	500만 원 × 0.4 = 200만 원
		총 400만 원	

위의 표에서 보듯이 1년 이상을 보유하든 1년 미만을 보유하든 부부가 공동 명의로 투자한다면 양도소득세를 많이 절세할 수 있다는 것을 알 수 있다. 부부가 협력하여 투자한다면 같은 투자라도 더 많은 수익을 올릴 수 있고, 함께하는 즐거움도 느낄 수 있음을 알아두자.

공동묘지 옆 대형 아파트를 낙찰받다

아는 사람이 나에게 물건을 추천해 달라 하여 파주의 한 아파트를 권했다. 남들이 선호하지 않는 64평형 대형 아파트인데, 최저 매각가격이 저렴해서 싸게 낙찰받으면 제법 괜찮은 수익을 올릴 수 있을 것으로 생각해 추천한 것이었다. 소개시켜주고 며칠 후에 결과가 궁금해서 전화를 했다.

"현장 조사는 잘 다녀오셨나요?"

"아뇨, 아파트에 안 가봤습니다."

"왜요?"

"왜 이런 아파트를 제게 소개시켜주셨죠?

전화기 너머로 약간은 실망스러운 목소리가 들렸다.

"예? 제가 보기엔 괜찮아 보이던데 무슨 문제가 있나요?"

"아니, 아파트 단지 바로 옆에 엄청나게 큰 공동묘지가 있는데, 이런 집을 낙찰받으면 어떻게 팔죠?"

"아파트 바로 옆에 공동묘지가 있다고요?"

"네, 아파트 단지보다도 더 큰 공동묘지가 있던데요?"

"공동묘지가 주변에 있는 건 어떻게 아셨어요?"

아파트에 가보지도 않았는데 어떻게 알았는지 사뭇 궁금했다.

"인터넷 지도 스카이뷰로 보니 공동묘지가 바로 보이던데요? 그래서 안 갔죠."

인터넷 지도로 입지를 먼저 대충 훑어보고 방문하려 했는데, 공동묘지가 있어서 아예 가지도 않고 그냥 포기했단다.

앞서 언급했듯이 부자가 되려면 남들과 다른 사고방식을 갖고 있어야 한다. 이 아파트를 본 지인은 남들이 선호하지 않는 대형 평수를 추천할 때부터 약간 실망스러워했다. 그런데 인터넷으로 보니 공동묘지가 옆에 있으니 아예 조사조차 하고 싶지 않았던 것이다.

내가 추천한 아파트는 170㎡(64평형)의 대형 아파트였지만 아파트 단지가 약 3,000세대에 이르는 대규모 단지였고, 무엇보다 약 5개월 내에 똑같은 170㎡의 아파트가 두 번이나 거래된 사실이 있었다. 즉 세금과 기타 비용을 제하고도 충분한 수익을 올릴 수 있을 정도의 저렴한 가격으로 낙찰받으면 얼마든지 매도가 가능하다고 볼 수 있었다. 물론 공동묘지의 존재는 돌발 상황이었다.

▎3,000세대 아파트보다 더 넓은 공동묘지

　위 사진을 보면 아파트 북쪽에 공동묘지가 있는데, 팜스프링 아파트가 약 3,000세대의 대규모인데 묘지는 아파트보다 약 1.5배 이상 넓다. 공동묘지가 아파트 단지 바로 옆에 있다는 얘기를 듣고 생각에 빠졌다.

　'어떻게 해서 아파트단지 옆에 공동묘지가 있는 거지?'

　'공동묘지의 규모로 봐서는 아파트보다 더 먼저 조성이 된 것 같은데? 왜 공동묘지 옆에 아파트를 지었을까?'

　공동묘지는 아파트 단지보다 약 2배 이상 넓은 규모였다. 여기서 한 가지 유추가 가능해진다. 아파트는 수명이 길어야 30~40년이다. 그러나 공동묘지가 이렇게 크게 조성될 정도면 최소 50년은 넘어야 가능하다. 이 말은 공동묘지가 먼저 생겼고, 나중에 아파트가 건설됐다는 말이다.

현장에서 조사하지 않으면 이유를 알 수 없다는 판단에 다음 날 파주로 아침 일찍 출발했다. 현장에 도착해보니 바로 그 이유를 알았다. 이 아파트와 공동묘지 사이에는 높은 산이 있었고, 거의 모든 세대가 공동묘지가 있는 줄도 모를 정도로 보이지도 않았다. 꼭대기 15층에서도 잘 보이지가 않았다. 그러니 사는 사람들은 불편함도 무서움도 없었던 것이다. 인터넷 항공 사진으로 보지 않은 사람들은 아마 공동묘지가 근처에 있는 줄도 모를 것이다.

중개업소 3군데를 방문했다. 그중 한 곳에서 친절히 설명해주었다.

"사장님, 64평형이 얼마 전에 두 건 거래됐던데요."

"네, 하나는 제가 성사시킨 거예요."

"얼마 정도에 내놓으면 팔 수 있을까요?"

"얼마 받고 싶으신데요?"

대부분 중개인들은 이렇게 말한다. 받고 싶은 금액을 말하면 더 저렴하게 팔아야 매도할 수 있다고 한다.

"거래된 것 보니까 2억 3,000~4,000만 원에 거래가 되었던데요. 2억 2,000만 원 정도에 내놓으면 팔리지 않을까요?"

"몇 동 몇 호인데요?"

"100동 700호인데요."

공매로 나온 물건이라고 말은 하지 않아서, 일반 매물로 알고 있는 것 같았다.

"방향과 층이 괜찮네요. 대형 평수라 많이 찾지는 않지만, 그 정도면 충분히 팔릴 수 있을 것 같은데요? 지금 누가 살고 있나요?"

"아니 비어 있는데, 아내와 상의해서 결정되면 말씀드릴게요."

어차피 공매로 나온 물건인 줄 모르고 있는데 미리 말할 필요는 없다고 생각했다. 낙찰을 못 받을 수도 있으니.

나는 입찰하기로 마음먹고 금액을 결정해야 하는데, 단독 입찰일 거라는 느낌이 들었다. 그래도 혹시 뺏길지 모른다는 생각에 최저가에서 약 100만 원만 올렸다. 역시나 단독 입찰이었다. 경매 초보 시절에는 사람이 적게 입찰한 물건이나 단독으로 입찰해서 낙찰받으면 혹시 부동산에 문제가 있거나 권리 분석을 잘못한 것은 아닌지, 불안한 마음이 들었는데 경매로 어느 정도 내공이 다져지니 단독 입찰로 낙찰받는 것이 너무 좋았다. 단독 입찰로 낙찰받은 부동산은 대부분 큰 수익을 안겨주었다.

집은 비어 있는 것을 알았으니, 중개업소에 내놓기만 하면 되는데, 문제는 비밀 번호를 알 수가 없었다. 어쩔 수 없이 잔금을 빨리 납부하고 비밀 번호를 알아내어 집 내부를 보았다.

▌ 64평 아파트 내부 사진. 깨끗해서 아무 수리도 하지 않았다.

집안 내부도 깨끗했고, 무엇보다 전망이 좋았다. 남쪽 끝자락에 있는 동으로 남향에다 앞에 건물 등이 없어 시야가 넓고 시원하게 보이는 것이 너무도 마음에 들었다. 역시나 낙찰을 잘 받았다는 생각이 들었다.

중개업소에 매물로 내놓고 약 4개월 만에 조금 저렴하게 매도했다. 당시 대형 아파트가 인기가 없어 조금 하락기였던 터라 매수인이 나타나자마자 저렴하게 매도했다. 현재 인터넷에서 검색해보니 이 아파트의 시세는 약 3년 만에 5,000만 원 이상 상승한 것으로 나왔다. 내가 낙찰받은 당시가 최저가였던 것이다. 나는 낙찰받고 4개월 만에 1,600만 원의 수익을 올렸다.

▌투자 내역

구분	금액
낙찰금액	약 1억 9,200만 원
매도금액	2억 1,000만 원
세금 등 지출	500만 원
총 투입 비용	3,500만 원
투자 기간	4개월
실수익	약 1,600만 원
연수익률	약 60%

PART
05

직장인이라면 경매보다
공매를 배워라

29
투잡을 생각한다면
공매를 익혀라

경매는 낙찰부터 매도까지 최소 2개월 이상 필요하지만 그 과정 동안 필요한 시간은 불과 며칠에 불과하다. 권리 분석 1일, 현장 조사 1~2일, 낙찰 후 관리 2~3일, 매도 계약 2일. 짧게는 5일에서 길게는 10일 정도면 모든 과정을 처리할 수 있다. 그러고도 최소 수백만 원 이상의 수익이 가능하니 투입한 시간과 노동력 대비 최대 효율의 투자법이다.

그런데 직장 생활을 하는 사람은 이 정도의 시간을 내기가 쉽지 않다. 물건 선정, 권리 분석, 현장 조사 등은 퇴근 후 저녁 시간이나 주말을 이용하면 되지만, 입찰만은 정해진 시간에 진행 법원에 방문해야 가능하기 때문이다. 법원마다 조금의 차이는 있지만 보통 입찰은 오전 10~11시에 이루어진다. 입찰을 마감하면 개찰을 진행하는데 대개 오후 2~3시 정도 되어야 모든 사건의 개찰이 마무리된다.

법원에 입찰을 하려면 왕복 교통 시간을 포함해 하루를 온전히 써야 한다. 대리로 입찰해줄 지인이 있다면 모를까 없다면 휴가를 내야 하는데 단 한 번의 입찰로 낙찰받는 경우는 거의 없고, 대부분 몇 번의 도전 끝에 낙찰을 받게 된다. 이런 여건 때문에 휴가를 마음대로 조정할 수 있는 극소수의 직장인을 제외하면 사실 직장인이 경매 투자를 한다는 것은 말처럼 쉽지 않다.

나는 이에 대한 대안으로 공매를 익히라고 주변에 권한다. 가장 큰 이유가 바로 입찰이 자유로운 점 때문이다. 공매는 법원처럼 해당 날짜에 직접 입찰서를 제출해야 하지만 온라인으로 입찰하는 시스템이다. 인터넷만 이용할 수 있다면 컴퓨터나 스마트폰으로도 입찰할 수 있다. 또한 입찰 시간도 월요일부터 수요일 오후 5시까지이므로 주말에 현장 조사를 하고 평일에 입찰하면 된다. 그러니 직장인이 근무 시간에 구애받지 않고 투자할 수 있다. 낙찰가도 같은 부동산이라도 경매보다 약 10% 낮게 낙찰되며 경쟁률도 경매보다 낮다.

그런데 이렇게 좋은 공매를 왜 사람들이 안 하는 것일까? 그 이유는 안 하는 것이 아니라 못하는 것에 가깝다. 사람들이 공매에 경매보다 쉽게 접근하지 못하는 가장 큰 원인은 명도에 있다. 공매는 경매와 절차상에서 약간 다른데 인도 명령 제도가 없다. 경매는 인도 명령 제도가 있어서 낙찰받은 주택에 점유자가 명도를 거부할 경우 법원에 인도 명령을 신청하고 그것을 권원으로 강제 집행하기까지 비교적 빠른 시간 안에 해결할 수 있다.

그러나 공매는 인도 명령 제도가 없다. 그래서 점유자와 협의되지 않으면 명도 소송을 진행해야 한다. 소송 판결이 빨리 내려지면 좋지만 대체적으로 소송 과정은 시간이 오래 걸린다.

또한 공매의 권리 분석은 세금과 관련이 있어서 경매에 비해 조금 어렵다. 그래서 대부분의 사람이 경매를 더 선호하지만, 나는 이런 문제들 때문에 오히려 공매를 더 선호한다. 사람들이 쉽게 접근하지 못하므로 경매에 비해 공매의 낙찰가는 더 저렴하고, 낙찰받을 확률은 더 높기 때문이다.

게다가 명도와 권리 분석 이외의 다른 조건들이 오히려 공매가 더 유리한 점이 많다. 명도만 협상으로 잘 해결할 수 있다면 공매의 권리 분석은 공부하면 되니 얼마나 좋은 투자법인가? 100,000명이 경쟁하는 시장을 선택할 것인가, 10,000명이 경쟁하는 시장을 선택할 것인가?

1) 공매란 무엇인가?

법원에서 진행하는 경매 외에 관공서나 은행에서 공개적으로 매각하는 절차를 공매라고 하는데, 사람들이 흔히 말하는 공매는 캠코(KAMCO)에서 진행하는 공개 매각을 말한다. 공매의 매각 물건은 약 80% 이상이 세금을 납부하지 않은 사람의 재산을 압류하여 공개 매각하는 압류 재산이 주를 이룬다. 그 밖에 수탁 재산, 국유 재산, 유입 재산 등이 있으나 재산의 성격이 크게 중요한 사항은 아니고 캠코에서 진행하는 물건의 재산 유형이라는 정도만 알고 있어도 문제가 되지 않는다.

경매는 유료 사이트에서 각종 정보를 제공하지만, 공매는 캠코의 온비드(www.onbid.co.kr)에서 검색해야 하며, 별도의 자료는 없고 감정 평가서와 온비드상의 정보로 판단해야 한다.

2) 공매가 더 좋은 이유

① 낮은 경쟁률, 높은 수익률

인도 명령 제도가 없어서 명도의 부담감이 더 크기 때문에 경매보다 적은 사람이 입찰하므로 경쟁률이 낮다. 그러니 자연스럽게 낙찰가가 경매보다 평균 10% 정도 저렴하다. 이는 높은 수익률로 이어지므로 공매의 최대 장점이다.

② 혼자서 전국의 모든 물건 입찰 가능

경매는 집행 법원에서 정해진 날, 정해진 시간에 직접 참석해서 입찰을 해야 하지만, 공매는 온라인으로 입찰한다.(스마트폰으로도 입찰이 가능하다.) 또한 온라인으로 입찰하기 때문에 전국 어느 공매 물건이든 입찰이 가능하며, 시간도 월요일 오전부터 수요일 오후 5시까지 가능하다. 경매는 입찰하고 싶은 물건이 같은 날 다른 법원 물건과 겹치면 한쪽을 포기하거나 대리인을 내세워야 한다. 그런 면에서 공매는 경매보다 시간과 경비가 많이 절약된다.

③ 입찰보증금의 납부

경매는 직접 입찰하기에 현금이든 수표든 은행에서 찾아서 준비해야 하고 낙찰받지 못하면 다시 은행을 방문해서 입금해야 하지만, 공매는 온라인으로 입찰하기 때문에 계좌 이체로 입금하면 되고, 낙찰받지 못하면 통장으로 바로 환불되니 은행을 방문해서 돈을 찾을 필요가 없다.

④ 빠른 진행

경매 물건은 감정가에서 시작하여 유찰될 때마다 약 한 달 간격으로 20~30% 차감한 가격으로 다시 매각 절차를 진행한다. 그러나 공매는 감정가에서 유찰되면 낙찰될 때까지 1주일마다 10%씩 차감하여 진행된다.

잔금 납부도 경매는 낙찰 후 매각 허가 결정 1주일, 매각 확정 1주일로 최소 2주 후에 납부가 가능하나, 공매는 개찰일로부터 3일 이내에 매각 결정이 되고 매각 결정일로부터 바로 납부가 가능하다. 간혹 한 부동산에 경매와 공매가 같이 진행되는 경우가 있는데, 이때는 잔금을 먼저 납부하는 사람에게 소유권이 생긴다. 같은 시기에 낙찰을 받았다면 공매가 훨씬 유리한 이유가 여기에 있다.

30
경매와 공매
무엇이 다른가?

공매를 압류 재산 기준으로 설명하겠다.

구 분	법원 경매	온비드 공매
1. 최저 매각가격 저감률	통상 전차 가격의 20~30%. 약 한 달에 한 번씩 저감 진행	감정가격의 50% 한도로 매 회마다 1차 가격의 10%씩 저감. 1주일에 한 번씩 진행
2. 입찰보증금 (매수신청보증금)	최저 매각가격의 10% (재매각 시 20~30%)	· 입찰가격의 10% (2015.12.31. 이전 공고) · 최저 매각가격의 10% (2016.01.01. 이후 공고)
3. 복수 입찰	불가능	가능

4. 차순위 매수 신고	있음	있음(2016.01.01. 이후 공고된 물건에 한해)
5. 대금 납부 기한	매각 허가 결정 확정일로부터 1개월 이내	매각 결정 기일로부터 – 낙찰가격 3,000만 원 이상은 30일 이내, 3,000만 원 미만은 7일 이내
6. 인도 명령/명도 책임	점유권원 없는 모든 점유자를 상대로 잔금 납부 후 6개월 이내 신청	명도 책임은 매수자에게 있으며, 인도 명령 제도 없이 명도 소송으로 해결해야 함
7. 낙찰 후 대금 미납	전 낙찰자는 매수 자격 제한	전 낙찰자 재입찰 가능
8. 농지 취득 자격 증명	매각 결정 기일 이내 제출 미제출 시 낙찰은 불허가되고, 보증금 몰수	소유권 이전 등기 촉탁 신청 전까지 제출 미제출 시 보증금 몰수

1) 최저 매각가격 저감률

① **경매 :** 낙찰자가 없으면 최저 매각가격에서 20~30%(법원마다 다름)를 저감해서 약 1개월 후 다음 회차에 진행.

② **공매 :** 낙찰자가 없으면 감정가의 10%씩 저감해서 다음 주에 진행.

예) 감정가 1억 원의 아파트 매각 시

경매 = 1차 : 1억 원

2차 : 7,000만 원(30% 저감하는 법원이라 가정)

3차 : 4,900만 원

공매 = 1차 : 1억 원

2차 : 9,000만 원

3차 : 8,000만 원

2) 입찰보증금

① **경매** : 기본적으로 최저 매각가격의 10%, 재매각 시 20~30%

② **공매** : 2015.12.31. 이전 공고된 물건은 입찰가격의 10%

　　　　　2016.01.01. 이후 공고된 물건은 최저 매각가격의 10%

3) 복수 입찰

① **경매** : 한 사람이 같은 회차, 한 물건에 복수 입찰 불가능.

② **공매** : 한 사람이 같은 회차, 한 물건에 복수의 입찰서 제출 가능. 입찰서를 제출하고 입찰보증금을 납부해야만 유효한 입찰서로 인정. 금액을 올려 쓰고 싶다면 올린 가격의 입찰서를 제출하고 입찰보증금을 납부하면 유효한 입찰서로 인정되고 이전에 제출한 입찰서와 입찰보증금은 개찰 후 환불 처리됨.

4) 차순위 매수 신고

① **경매** : 최고가 매수 신고인(낙찰자)의 낙찰가격에서 입찰보증금을 뺀 금액보다 높게 쓴 사람이 차순위 매수 신고를 하게 되면, 낙찰자가 잔금을 미납할 경우 차순위 매수 신고한 사람이 입찰한 가격으로 최고가 매수 신고인의 자격을 주는 제도.

② **공매** : 2016년 1월 1일 이전에 공고된 물건에는 차순위 매수 신고 제도가 없음. 2016년 1월 1일 이후로 공고된 물건부터는 차순위 매수 신고 제도가 도입됐는데, 현

실적으로 차순위 매수 신고가 쉽지 않다. 그 이유는 공매로 매각하는 물건은 거의 대부분은 월요일부터 수요일까지 입찰하고 목요일 오전에 낙찰자를 발표한다. 그리고 그 다음 주 월요일에 매각 결정이 나는데, 차순위 매수 신고 가능 기한이 매각 결정 전이다.

즉 월요일 이전에 신고해야 하는데, 토요일과 일요일은 근무를 하지 않으니 결국 목요일 오후와 금요일만 접수가 가능하다. 결정적으로 차순위 매수 신고를 하려면 해당 물건을 진행하는 캠코 담당 지사에 직접 방문해야 한다는 사실이다. 차순위 매수 신고하고 싶은 물건이 제주도 지사가 담당이라면 제주도로 직접 가야 한다는 이야기이다. 공매는 모든 것이 온라인으로 이루어지는데, 차순위 매수 신고는 담당 지사를 방문해야 한다니 의아할 따름이다.

5) 대금 납부 기한
① **경매** : 매각 허가 결정 후 약 1개월 이내로 낙찰일로부터 약 40일 정도.
② **공매** : 매각 결정 기일로부터 낙찰가격이 3,000만 원 이상은 30일 이내, 3,000만 원 미만은 7일 이내.

6) 인도 명령 / 명도 책임
① **경매** : 해당 부동산에 점유권원이 없는 모든 점유자를 상대로 인도 명령 신청 가능. 잔금 납부 후 6개월 이내에 명도하지 못하면 명도 소송으로 진행해야 함.
② **공매** : 명도 책임은 낙찰자에게 있고, 인도 명령 제도가 없으며 점유자와 협상 결렬 시 명도 소송으로 진행해야 함.

7) 낙찰 후 대금 미납

① **경매** : 낙찰자가 잔금을 미납하면 해당 부동산에 입찰 자격을 제한함.

② **공매** : 낙찰자가 잔금을 미납해도 다음 매각 시 다시 입찰 참여 가능함.

8) 농지 취득 자격 증명

① **경매** : 농지(전, 답, 과수원)를 낙찰받으면 매각 결정 기일 전에 농지 취득 자격 증명을 제출해야 한다. 매각 결정 기일은 1주일 후이므로 이 기간 내에 제출하면 된다. 미제출 시 낙찰은 불허가되고 입찰보증금은 몰수된다.

② **공매** : 소유권 이전 등기 촉탁 신청 전까지 제출하면 된다. 즉 잔금을 납부하고 소유권 이전 등기를 하기 전까지 제출하면 되는데, 경매와 마찬가지로 미제출 시 매각은 취소되고 입찰보증금은 몰수된다.

31
공매,
좋은 물건 이렇게 찾는다

온비드 물건 검색

1) 회원 가입

온비드(www.onbid.co.kr)에 먼저 회원 가입을 한다. 나중에 입찰을 하려면 공인인증서가 필요하므로 처음 회원 가입할 때 공인인증서 등록을 해두면 좋다. '공인인증서 〉 휴대폰 인증서 저장 서비스'를 이용해서 스마트폰에 공인인증서를 저장해 놓으면, 스마트폰으로 물건 검색도 가능하고, 입찰도 가능하다. 물건 검색, 입찰, 입찰보증금 납부까지 스마트폰 하나만 있으면 가능하다. 무척 편리한 시스템이다.

▌온비드 메인 화면

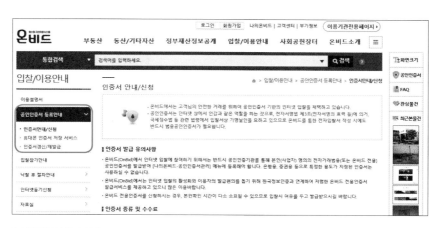

▌공인인증서 관리 화면

2) 물건 검색 방법

▌ 메인 화면에서 용도별 검색하기

메인 화면에서 용도별 검색을 누르면 상세보기 화면으로 넘어간다.

┃ 상세보기 화면

① **처분 방식 :** 전체를 선택하면 임대(대부) 물건까지 검색되므로 매각을 선택하는 것이 검색된 물건의 수가 적어 원하는 물건을 찾는 데 더 빠르다.

② **물건 관리 번호 :** 경매 물건은 고유의 사건 번호가 있고, 공매 물건은 고유의 관리 번호가 부여된다. 경매는 특정 사건을 사건 번호로 검색이 가능한데, 공매에서는 관리 번호로 검색이 가능하다.

③ **입찰 기간 :** 공매 검색을 하면 기본적으로 검색일부터 1주일의 기간이 설정되어 있다. 날짜 옆 달력 모양을 클릭하면 기간 설정이 가능하다.

④ **최저 입찰가 :** 공매 물건의 최저 입찰가격의 차이에 따라 조건을 설정하여 검색할 때 사용한다. 선택하지 않으면 전체 물건이 검색된다.

⑤ **용도 선택 :** 토지, 건물 등 원하는 종류의 물건을 검색할 때 사용한다. 복수 선택도 가능하다. 세부 종류는 왼쪽 상자의 물건 종류를 선택했을 때 나타난다. 앞의 사진에는 주거용 건물을 클릭했을 경우 나타나는 물건의 종류이다.

⑥ **감정 평가 금액 :** 공매 물건의 감정가격의 차이에 따라 조건을 설정하여 검색할 때 사용한다.

⑦ **소재지 :** 원하는 지역을 선택하여 검색할 때 사용한다.

⑧ **유찰 횟수 :** 신건부터 유찰 횟수에 따라 검색할 때 사용한다.

3) 매각 서류는 언제, 어떻게 확인하나?

물건 세부 정보	압류재산 정보	입찰 정보	시세 및 낙찰 통계	물건 문의	부가정보

▍입찰 방법 및 입찰 제한 정보

전자보증서 사용여부	사용 불가능	차순위 매수신청 가능여부	신청 가능
공동입찰 가능여부	공동입찰 가능	2연 미만 유찰여부	1인이 입찰하더라도 유효한 입찰로 성립
대리입찰 가능여부	대리입찰 가능	2회 이상 입찰 가능여부	동일물건 2회 이상 입찰 가능

▍회차별 입찰 정보

입찰번호	회차/차수	구분	대금납부/납부기한	입찰기간	개찰일시	개찰장소	매각결정일시	최저입찰가(원)
0020	018/001	인터넷	일시불/낙찰금액별 구분	2017-05-01 10:00~2017-05-02 17:00	2017-05-04 11:00	전자자산처분시스템 (www.onbid.co.kr)	2017-05-08 10:00	90,000,000
0020	019/001	인터넷	일시불/낙찰금액별 구분	2017-05-08 10:00~2017-05-10 17:00	2017-05-11 11:00	전자자산처분시스템 (www.onbid.co.kr) 공매재산명세	2017-05-15 10:00	81,000,000

▍입찰 정보에서 클릭하면 공매 재산 명세를 볼 수 있다.

입찰할 물건을 선정하면, 그 물건에 얽힌 권리 관계들의 내용을 자세히 확인해야 한다. 경매의 경우에는 법원에서 입찰 기일 1주일 전부터 매각 서류 확인이 가능하고, 공매의 경우는 입찰 시작 1주일 전에 공매 재산 명세를 확인할 수 있다. 공매 재산 명세를 살펴보고 임차인이 거주하고 있다면, 말소 기준이 되는 권리가 무엇인지, 금액은 얼마나 되는지를 물건 담당자에게 전화로 꼭 확인하여야 한다.

압류재산 공매재산 명세

구분	서대문세무서	관리 번호	2016 -
공매 공고일	2016-06-01	배분 요구의 종기	2016
압류 재산의 표시	서울특별시 서대문구 XXXX 대 지분 9.5012 m² 건물 13.642 m²		
매각 예정 가격/입찰 기간/개찰 일자/매각 결정 기일		온비드 입찰 정보 참조	
공매 보증금		매각 예정 가격의 100분의 10 이상	

■ 점유 관계   [조사 일시 : 2016-05-24 / 정보 출처 : 현황 조사서 및 감정 평가서]

점유 관계	성명	계약 일자	전입 일자 (사업자등록 신청일자)	확정일자	보증금 (원)	차임(원)	임차 부분
임차인	최○○	미상	2015-03-27	미상	10XXXX	XX,000	미상
이용 현황(감정평가서)	공동주택						

▌ 공매 재산 명세

공매 재산 명세를 보면 임차인의 정보와 배분(경매는 배당, 공매는 배분이라 함)정보도 있다. 누가 얼마나 되는 금액을 배분·요구했는지 표기되어 있다.

32
공매의 권리 분석은
어떻게 하나?

공매의 권리 분석은 경매와 크게 다르지 않다. 단 공매는 매각 물건 대부분이 세금 체납으로 진행되는 부동산으로 세금 관련 사항을 잘 체크해야 한다.

1) 권리 분석 순서
① 말소 기준 권리를 찾는다.
② 말소 기준 권리를 기준으로 인수되는 권리와 인수되지 않는 권리를 파악한다.
③ 마지막으로 임차인을 분석한다.

너무 쉽게 느껴지는가? 경매는 민사집행법에 근간을 두고 배당을 하지만, 공매는 국세징수법에 근간을 두고 배분을 한다. 깊이 들어가면 한도 끝도 없이 어렵다. 모든 과정을 전부 알고서 입찰할 필요는 없다. 경매와 공매의 배당과 배분의 순위는 크게 다르지 않다.

다만 공매의 경우에 90% 이상이 세금 체납에 의해 이루어지므로 대항력 있는 임차인이 있다면 위험할 수 있다. 공매에서 사고가 가장 많이 나는 부분도 대항력 있는 임차인이 있는 경우로서 입찰자는 배분 요구한 임차인이 충분한 낙찰가로 전부 배분받을 것으로 생각하고 입찰했으나, 배분받지 못한 금액이 많아 몇 천만 원씩 인수해야 하는 경우도 발생할 수 있다. 그래서 초보자에게는 경매든 공매든 대항력 있는 임차인 물건은 우선 하지 말라고 강조하는 것이다.

대항력 없는 임차인의 물건은 세금의 법정 기일이 빠르든 늦든 중요하지 않다. 공매로 매각되면 대항력 없는 임차인의 보증금 배분 여부와 상관없이 인수할 필요가 없으니 이런 물건만 하면 된다.

임차인이 임대차 계약을 할 때는 해당 집의 근저당 설정 여부와 각종 권리 관계를 파악한 후 계약을 체결한다. 본인의 임차보증금을 최대한 지키기 위해 등기부등본이 깨끗한 상태인 주택을 선택해서 계약을 하면 대항력 있는 임차인이 되어 보증금을 전부 지킬 수 있다.

그런데 임대차 계약 당시 집 주인이 세금 체납이 있는지 임차인은 알 수 없으며, 또 대항력의 요건이 아니므로 중개업소에서도 굳이 집 주인의 세금 납부 관계를 요구할 필요가 없다. 그래서 발생하는 문제가 임차인은 대항력이 있지만, 세금의 법정 기일이 빨라 세금을 먼저 배분해주니 임차인이 배분받지 못한 임차보증금을 낙찰자가 인수하게 되는 것이다.

2) 법정 기일

① 신고에 의하여 발생하는 세금은 그 신고일(취득세, 양도소득세 등)

② 정부가 부과한 세금은 그 납세 고지서의 발송일(재산세, 종합부동산세 등)

③ 납세자의 재산을 압류한 경우에 그 압류와 관련하여 확정된 세액에 대하여는 그 압류 등기일 또는 등록일 등을 말한다.

조세 채권의 '법정 기일'이란 '신고일'이나 '납세 고지서 발송일'이다. 예를 들어, 취득세는 부동산을 매입하고 납세 의무자(매수자)가 과세 표준과 세액을 정하여 신고하는 행위에 의하여 조세 채무가 확정되는 것이다. 재산세, 자동차 재산세처럼 과세 표준과 세액을 지방자치단체가 결정 또는 수시 부과하는 경우에 고지한 당해 세액에 대하여는 그 납세 고지서 발송일이 법정 기일이 된다.

정리하면 납세 의무자의 신고로 세액이 결정되는 세금은 신고일이, 지방자치단체가 결정하여 부과하는 세금은 고지서 발송일이 법정 기일이라 생각하면 된다. 일반인이 알기에는 다소 어려울 수 있는데 외울 필요는 없다. 법정 기일은 개인이 알기 어려우므로 해당 물건의 담당자에게 전화하여 배분받을 금액과 법정 기일을 정확하게 알고 입찰해야 한다.

3) 주의해야 할 사항

2016.05.05. 임차인 김○○ 전입, 확정 5,000만 원(배분 요구)

2017.01.16. 인천세무서 가압류 1억 원

2017.01.24. 공매

낙찰 이○○ 1억 원

　위 작성 내용은 등기부등본과 임차인과의 권리 관계를 시간상으로 정리한 것이라 가정해보자. 임차인 김○○ 씨는 대항력이 있다. 언뜻 보기에는 김○○ 씨는 5,000만 원을 전부 배분받고 말소가 될 것 같지만, 인천 세무서에서 가압류한 세금의 법정 기일이 다행히도 임차인의 대항력보다 늦다면 상관없지만 더 빠르다면 김○○ 씨는 한 푼도 배분받지 못해 낙찰자 이○○ 씨가 5,000만 원을 모두 인수해야 한다.

　캠코로 진행되는 물건은 항상 담당자에게 전화해서 임차인의 대항력과 세금의 법정 기일의 시간상 선후 관계와 배분 요구 금액을 정확히 파악한 후 입찰해야 함을 명심하기 바란다.

33
입찰부터 낙찰까지
진행해보자

1) 입찰 기간

월요일(오전 10시) ~ 수요일(오후 5시). 복수 입찰이 가능하다. 즉 같은 물건에 두 번 이상 입찰해도 상관없다.

2) 입찰 방법

인터넷 온비드(www.onbid.co.kr)로 입찰 가능하다. 온비드앱을 설치하고 공인인증서를 등록하면 스마트폰으로도 입찰 가능하다. 입찰하고자 하는 물건의 상세 화면에서 〈입찰〉 버튼을 누르고 〈개인 정보 및 입찰 참가 동의〉를 거치면 입찰금액과 보증금을 납부할 계좌가 표시된다.

▌입찰금액 및 보증금 납부 방식 선택 화면

① 본인 입찰과 대리 입찰이 가능하다. 〈본인 입찰〉을 선택한다.

② 입찰하고 싶은 금액을 입력하고 〈보증금 계산〉 버튼을 클릭하면 아래 칸에 납부해야 할 보증
금액이 표시된다.

③ 〈납부 총액 확인〉 버튼을 클릭하면 아래 칸에 총 납부해야 할 금액이 표시된다. 매각 물건마
다 납부해야 할 보증금이 다른 경우가 있는데, 해당 화면에 표시되는 금액만 납입하면 된다.

④ 보증금 납부 방식에 〈현금〉을 선택한다.

⑤ 환급받을 계좌를 선택하면 개찰 후 낙찰받지 못했을 경우 지정한 계좌로 바로 입금 처리된다.

▎입찰서를 제출하면 입찰 내역이 뜬다.

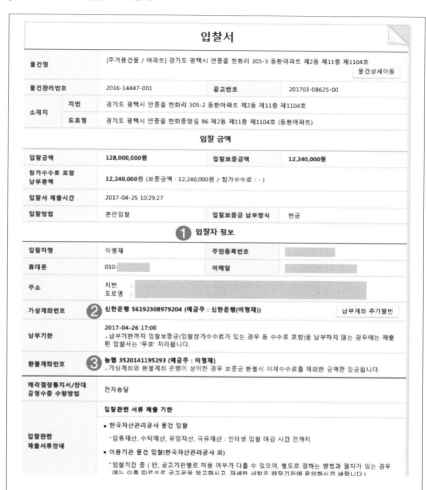

① 입찰금액과 참가 수수료 및 납부할 보증금액, 입찰서 제출 시기가 표시된다.

② 입찰보증금을 납부해야 할 가상 계좌 번호인데, 입찰서 하나당 하나의 입금 계좌가 정해진다. 이 계좌로 입금해야만 유효한 입찰로 처리된다.

③ 낙찰받지 못했을 경우 보증금을 환급받을 계좌가 표시된다.

3) 보증금 납부

보증금은 입찰서를 제출한 시기와 상관없이 수요일 오후 5시까지 입금하면 된다. 지정된 가상 계좌로 입찰보증금을 텔레뱅킹이나 폰뱅킹을 이용하여 납부하면 된다. 낙찰이 되지 않으면 입금 시 지정한 통장으로 바로 환불해준다.

4) 개찰

압류 재산은 보통 목요일 오전 11~12시에 개찰하여 낙찰자를 발표한다.

5) 차순위 매수 신고

낙찰은 받지 못했지만 차순위 매수 신고의 요건을 만족하면 차순위 매수 신고를 할 수 있다. 목요일 오후부터 금요일까지 캠코 담당 지사로 직접 방문하여 신청해야 한다.

6) 매각 결정

입찰 기간 다음 주 월요일(오전 10시)에 낙찰이 결정되면 이때부터 매각 결정 통지서 발급이 가능하다. 인터넷으로 단 한 번만 출력 가능하다. 만약 다시 발급받고자 한다면, 해당 물건이 소재한 캠코 담당 지사로 직접 방문해야 한다.

매각 결정은 공매에서 절차상 중요한 기준점이 된다. 첫째, 체납자가 매각 결정 취소를 원할 때 매수인의 동의가 필요한지 여부의 기준점이 된다. 둘째, 해당 물건이 공유 지분인 경우 우선 매수권을 행사할 수 있는 종기일에 해당된다. 마지막으로 체납자가 체납 세액을 납부하는 경우 공매 절차를 중지하는 시점에 해당된다. 다시 말해, 매각 결정 이후에는 매수인의 동의 없이 매각 결정 취소가 불가능하며, 해당 물건의 공유자가 우선 매수권을 행사할 수 없다.

7) 잔금 납부

경매는 최고가 매수인 선정, 낙찰(불)허가 결정, 낙찰(불)허가 결정에 대한 항고 1주일을 거쳐 잔금 납부 기한이 결정되면 잔금 납부가 가능하지만, 공매는 매각 결정이 나면 바로 잔금 납부가 가능하다.

공매의 입찰보증금과 잔금 납부 기한은 2016년 1월 1일에 기준이 변경되었는데, 입찰할 때의 입찰보증금과 잔금 납부 기한은 그때그때 화면에 표시되니 그대로 따르면 된다. 매각 결정이 나고 잔금 지급일이 정해지면 캠코에서 매각 결정문과 잔금 납부 기일서, 소유권 이전 절차에 대한 안내서와 필요 서류를 우편으로 보내준다.

소액 물건이나 대출을 이용하지 않고 낙찰자가 직접 소유권 이전 등기하는 경우에는 경매보다 절차가 간단하다. 서류만 준비해서 캠코에 접수하면 등기소에 촉탁하여 소유권 이전 등기 절차 완료 후 등기필증을 우편으로 받을 수 있다.(캠코 담당자에게 우편으로 보내 달라고 부탁하면 된다.)

8) 경매와 공매가 동시 진행될 경우

가끔 경매와 공매로 동시에 진행되는 부동산이 있다. 만약 두 진행 절차에 낙찰자가 모두 존재한다면 잔금을 먼저 납부하는 사람이 소유권을 취득하게 된다. 비슷한 시기에 낙찰이 되었다면 공매가 유리한 이유가 여기에 있다.

참고로, 경매와 공매의 소유권 취득 시기는 소유권 이전 등기한 시점이 아니라, 둘 다 잔금을 납부한 시점이다. 소유권 이전 등기를 하지 않아도 잔금을 납부한 순간 소유권을 취득하게 되는 것이다.

30년 된 아파트를 낙찰받다

　나는 경매에 입문하기 위해 공부를 많이 했다. 그런데 유명한 저자, 강사, 변호사의 강의를 아무리 들어도 혼자서 경매에 입문하기 어려운 점이 있었다. 내가 정확히 알고 있는 내용이라도 전문가의 의견을 듣고 싶었고, 내가 생각하는 것이 맞다는 이야기가 듣고 싶었던 것이다.

　이렇듯 아무리 공부를 많이 해도 경매에 입문하는 자체가 힘들다는 것을 알고 있기 때문에 나는 경매 입문자 교육을 시작하며 이 문제를 해결하고 싶었다. 그래서 만든 것이 교육생들의 공동 투자이다. 물론 수강생들에게 개인적인 투자도 코칭을 해주지만, 공동으로 소액 단기 경매 투자 경험도 하게 한다.

　교육생들의 공동 투자는 인당 200만 원을 투자금으로 하고, 경매나 공매로 한 건을 낙찰받아 여기서 발생하는 수익을 투자 원금과 나눠주는 형태이다. 낙찰부터 매도까지 전 과정을 공유하며 공부함으로써 경매를 간접 경험하고 투자 수익까지 생기니 수강생들에게 반응이 좋다.

　다음은 공동 투자 물건으로, 공매 물건을 검색하다 저렴하고 투자할 만한 것을 발견하였다.

[주거용건물 / 아파트] 전라북도 군산시			한신맨션아파트	제303호	낙찰
상세이동					

| 일반공고 | 매각 | 인터넷 | 압류재산(캠코) | 일반경쟁 | 최고가방식 | 총액 |

처분방식	매각	입찰방식	일반경쟁(최고가방식)
회차/차수	003/001	입찰마감일시	2017-01-18 17:00
진행상태	개찰완료	개찰일시	2017-01-19 11:00
개찰결과	낙찰		

입찰내용

입찰방법	본인입찰	입찰서 제출일시	2017-01-18 16:33:23	입찰서출력
입찰금액	51,130,000원	나의입찰결과	낙찰	상세입찰결과
납부총액	4,690,000원 (보증금: 4,690,000 원 / 참가수수료: -)			
보증금 납부방식	현금	보증금 납부기한	2017-01-18 17:00	

▌ 회원 공동 투자 낙찰가격

전북 군산에 있는 아파트인데 감정가는 6,700만 원이었다. 한 번 유찰될 때부터 유심히 지켜봤는데, 2016년에 단 3건의 거래가 있었는데 매각으로 나온 물건보다 작은 평수였다. 인터넷이나 중개업소에도 매물로 나온 것이 없어 정확한 시세 조사는 현장에 가서 확인해야 하지만, 느낌으로 약 6,000만 원 안팎으로 생각됐다. 그러니 최소 5,000만 원 이하로 저감돼야 수익을 낼 수 있을 거라는 판단에 금액이 내릴 때까지 기다렸다.

특수한 내용이 없는 평범한 공매 물건은 보통 감정가의 80~85%에서 많이 낙찰된다. 그러나 이 물건은 감정가가 높아 세 번 유찰되어 약 4,700

만 원으로 저감된 것이었다. 이제 입찰할 만하다 느껴져 현장에 방문했다. 두 동으로 지어진 아파트로 주변 환경이 비교적 좋아 보였다. 먼저 아파트 주변을 둘러 봤다. 아파트가 30년이나 되어서 관리가 잘 되지 않으면 보기에도 좋지 않은데, 밖에서 보면 페인트칠한 지도 얼마 되지 않아 그렇게 오래되어 보이지 않았고 누수로 물이 흐른 자국이나 벽에 금이 간 곳도 보이지 않았다.

　그러나 단지 안으로 들어가니 각 세대별 베란다가 지저분하고 낡아 보였다. 깔끔하지도 너무 낡아 보이지도 않는 애매한 아파트였다. 시세를 알아보려 했으나 가까운 곳에 중개업소가 없었다. 우선 관리사무소에 들러 정보를 얻었다. 마침 관리소장이 있었다.

“100동 300호 미납 관리비가 있는지 궁금해서 왔습니다.”

“아, 그 집이요. 약 30만 원 정도 되는데요.”

“그 집에 임차인이라고 신고된 사람이 있던데요.”

“지금 이사 가고 아무도 없을 텐데?”

“네? 100동 300호 맞나요? 공매로 나온 물건이요.”

“내가 어제도 갔다 왔는데, 맞아요.”

“무슨 일로 다녀오셨는데요?”

“아, 집이 비어 있어서 윗집에서 물이 새는 걸 몰랐어요. 그래서 3층을 타고 2층까지 물이 흘렀죠.”

"그럼 4층 집은 수리했나요? 아랫집은 수리해줬고요?"

"네. 이번 주에 도배하기로 했어요."

"그런데, 전입 세대를 보니 이○○ 씨가 있던데요."

"아, 예전 집 주인인데, 4층이 도배를 해주는데 보험 처리하려면 아랫집에 거주하는 사람이 있어야 한다고 해서, 잠시 전입신고만 한 겁니다. 집은 비어 있어요."

'와우, 우선 명도 때문에 신경 쓸 일은 없겠구나!'

집이 비어 있는 것을 알았으니 정확한 시세 파악만 하면 됐다.

"근처에 부동산 중개업소 없나요? 시세를 알고 싶은데 중개업소가 없어서요. 혹시 관리사무소에 물건 내놓고 팔아 달라는 사람은 없나요?"

"있죠. 지금 3개가 있는데, 그 집이 큰 평수인가, 작은 평수인가?"

"제가 알기론 32평 정도 되는 큰 평수입니다."

"지금 3층 6,200만 원에 나온 집 있네요."

"작은 평수는요?"

"5,800만 원에 나왔네요."

중개업소에도 매물로 나온 것이 없으니 실거래가와 관리사무소에 나온 매물로 시세를 잘 판단해야 한다. 집 내부는 볼 수 없다 하여 아쉽게도 매각 물건의 내부는 볼 수 없었지만 다른 집으로 확인을 했다. 관리소장의 말로는 건설된 지 30년이 넘었지만 튼튼하게 지어서 특별한 하자나 민원은 없다고 했다.

소재지	(54128) **전라북도 군산시** [도로명] 전라북도 군산시 상나			**한신맨션아파트** 운동,한신맨션아파트)		**第3층 第309호**	
용도	아파트		채권자	국민은행		감정가	68,000,000원
대지권	48.4㎡ (14.64평)		채무자			최저가	(70%) 47,600,000원
전용면적	81.75㎡ (24.73평)		소유자			보증금	(10%) 4,760,000원
사건접수	2015-03-12		매각대상	토지/건물일괄매각		청구금액	24,061,766원
입찰방법	기일입찰		배당종기일	2015-06-01		개시결정	2015-03-13

기일현황

회차	매각기일	최저매각금액	결과
신건	-19	68,000,000원	유찰
2차	-23	47,600,000원	매각
김 3명	-3	낙찰55,621,000원(82%)	
	-30	매각결정기일	허가
	-29	대금지급기한 납부 (2015.12.09)	납부
	-21	배당기일	완료
	배당종결된 사건입니다.		

▌ 6개월 전 같은 아파트가 경매로 낙찰된 사례

혹시 예전에 경매로 나온 물건이 있을까 해서 검색했더니 작년에 똑같은 평수에 같은 층의 물건이 경매로 진행됐는데, 감정가 6,800만 원이고 5,500만 원에 낙찰되었다. 그럼 6,000만 원 정도는 받을 수 있겠다는 생각이 들었다. 최저가에서 200만 원 정도만 더 써서 4,900만 원 정도면 낙찰받을 수 있을 것 같았다. 그러나 3주 전에 30만 원 차이로 2등을 했던 생각이 나서, 꼭 낙찰받을 생각으로 입찰금액을 조금 더 높게 잡았다. 200만 원을 더 올려 써도 경매보다 10%나 저렴하게 낙찰받는 것이었다. 그래서 큰 욕심을 내지 않고 약 5,100만 원에 입찰했고 낙찰받았다.

낙찰이 결정되고 바로 달려가서 관리소장을 만났다.

"소장님, 안녕하세요. 저 기억하세요?"

"그럼요, 저번 주에 왔었잖아요."

"예, 제가 그 집 낙찰받았습니다. 미납 관리비도 해결해드릴게요."

"그럼, 저야 고맙죠."

"조만간 잔금 내고 소유권 이전할 건데요. 집 내부 좀 볼 수 있을까요? 혹시 수리해야 할 부분이 있는지 살펴보게요. 비번 좀 가르쳐주세요."

"그러세요. 비번은 ○○○○이에요."

바로 집으로 올라가서 내부를 둘러봤다. 작은 방 2개는 도배를 새로 했고, 안방과 거실은 도배가 안 되어 있었다. 거실만 하면 꽤 깨끗해 보일 것 같았다. 그런데 베란다와 보일러실 화장실이 지저분했다. 그것은 청소하면 될 것이니 크게 문제가 되지 않았다.

그런데 엉뚱한 곳에서 문제가 발생했다. 뒤 베란다의 섀시가 완전히 닫혀 있지 않았는데, 아무리 닫으려 해도 닫히지도 않고 분리도 되지 않았다. 기술자에게 물어보니 섀시를 한 지 너무 오래되어서 주저앉은 상태라 수리는 안 되고 새로 시공하는 수밖에 없다고 했다. 순간 생돈이 나간다는 생각에 속이 상했다. 거실 도배를 하고, 청소 업체에 입주자 청소까지 하고 나니 제법 깨끗해졌다. 중개업소에 매물로 내놓았고, 관리소장에게도 부탁했다.

"소장님, 제 아파트 매매로 팔 겁니다. 중개업소에도 내놓았는데요. 소장님께서 매수자 연결해주셔서 거래가 성사되면 중개업소에 드리기로 한 수수료 소장님께 드릴게요."

"진짜로 주는 거요?"

"예, 정말입니다. 예전에도 다른 아파트 팔 때 그 아파트 관리소장님이 소개시켜준 사람하고 거래가 성사돼서 사례비를 많이 드렸습니다. 소장님께도 사례할 테니 집 찾으러 오는 사람 있으면 꼭 연결해주세요."

예전에 한적한 동네 아파트를 경비 아저씨의 소개로 매도한 적이 있어서 이 아파트도 혹시나 하는 생각에 얘기했는데, 이 집 매매는 중개업소에서 거래가 되었다.

낙찰 : 2017년 1월 18일

잔금 납부일 : 2017년 2월 26일

매도일 : 2017년 4월 15일

투자 기간 : 약 50일

1인당 수익 : 45만 원

회원 개인당 연수익률 : 160% 달성

이 건은 첫 공동 투자에서 내가 직접 보여주고 싶었던 방법으로 마무리됐다. 1인당 200만 원이라는 소액으로 투자를 했고, 약 160% 연수익을 올렸으며, 낙찰일부터 잔금을 받고 소유권을 이전하기까지 2개월도 걸리지 않았으니 나름 만족할 만한 성적을 올렸다고 생각한다.

PART
06

경매하려면
꼭 알아두어야 할 것들

34
경매는 임의 경매와
강제 경매로 나뉜다

법원에서 진행되는 경매는 임의 경매와 강제 경매로 나뉜다.

1) 임의 경매

저당권, 전세권, 담보 가등기 등 돈을 빌려주고 담보로 설정한 권리에 의해 진행되는 경매 절차로, 보통 대출 업체(은행 등)는 부동산을 담보로 돈을 빌려주고, 이자나 원금의 회수가 어려울 때, 담보로 확보한 부동산을 경매에 부쳐 채권을 회수한다. 대부분의 경매가 이에 해당하며, 강제 경매에 비해 경매의 신청이나 진행 과정이 비교적 쉽고 빠르다.

2) 강제 경매

집행권원이 있는 채권자가 채무자의 부동산을 압류한 후 이를 경매에 부쳐 채권을 회수하는 경매 절차를 말한다. 여기서 집행권원이란 집행력 있는 공증 증서, 확정 판결, 손해 배상 청구 등에 관련된 재판에서의 승소 판결문과 같은 문서를 말한다.

3) 경매의 취하

임의 경매의 경우에는 입찰 과정에서 낙찰자가 선정되어 매각 허가가 나더라도, 채권자(은행 등)가 취하시키면 경매 절차가 취소된다. 그러나 강제 경매의 경우에는 낙찰자가 선정되고 나면 채권자가 임의로 경매를 취하시킬 수 없고, 법적으로 낙찰자의 '취하 동의서'가 제출되어야 취하 가 가능하다.

35
재매각과 새 매각은
진행이 다르다

1) 새 매각

새로 매각을 한다는 뜻으로 최저 매각가격의 10%인 입찰보증금이 그대로 적용된다. 매각되지 않은 물건을 다음 회차에 최저가를 낮춰서 진행한다. 이때 종전 최저가에서 20~30%를 저감해서 진행하는데 이는 진행하는 법원마다 다르다.

2) 재매각

다시 매각을 한다는 뜻으로, 전 회차에서 낙찰자가 있었으나 잔금을 미납하거나 필요 서류를 제출하지 못하여 입찰보증금이 몰수당한 경우이다. 최저가는 종전과 같은 금액으로 진행된다. 이때는 입찰보증금이 최저 매각가격의 20~30%를 납부해야 하는 경우가 많다.

법원마다 다른데 매각 조건에 입찰보증금을 얼마나 납부해야 하는지를 잘 살펴봐야 한다. 최고가로 입찰서를 제출했더라도 보증금이 공고된 금액보다 적으면 무효 처리된다. 재매각 시에 입찰보증금의 비율을 높이는 이유는 낙찰받았다가 잔금을 미납한 사람이 있으니 신중히 입찰을 결정하라는 법원의 경고이다.

36
지분 등기와 구분 등기,
구별할 줄 알아야 한다

구분 등기

각 물건별 개인이 소유하는 등기

지분 등기

한 물건을 여러 명이 공동 소유하는 등기

    쉽게 말해 한 필지의 토지 또는 하나의 주택을 한 사람 명의로 등기된 것을 구분 등기라 하며 등기부등본에 소유자로 기재된다. 여러 사람 명의로 등기된 것을 지분 등기라 하는데 등기부등본에 공유자로 기재된다. 상가의 경우에는 벽으로 칸이 나뉘어져 있고 개별 출입문이 있다면 구분 등기이지만, 임시 칸막이로 나뉘어 있고 개별 출입문이 없다면 지분 등기로 보면 된다.

2	소유권 이전	2001년 2월 10일 제6417호	2001년 1월 16일 매매	소유자 이○○ 울산 동구 서부동 XXX XXX

▌ 구분 등기

2	소유권 이전	2001년 2월 10일 제1221호	2001년 2월 8일 매매	공유자 지분 2분의 1 유○○ 울산군 울진읍 읍내리 XXX XXX 지분 2분의 1 정○○ 울진군 울진읍 읍내리

▌ 지분 등기

　구분 등기권자는 소유권이 개인에게 있으므로 처분·관리가 쉽지만, 지분 등기권자는 한 부동산을 다른 사람들과 공유하는 상태라 어려운 점이 있다. 예전에 기획 부동산에서 두 등기의 차이를 모르는 사람들에게 한 필지의 토지를 지분으로 쪼개서 판매하여 매수자들에게 피해를 준 적이 많았다. 부동산 투자자라면 지분 등기와 구분 등기를 구분할 줄 알아야 한다.

37
전입 세대를
열람해보자

전입 세대 열람원을 발급받으려면 대법원 경매 사이트나 경매 정보 사이트에서 사건 번호와 매각 물건의 주소가 나오는 화면을 출력하여 신분증과 수수료 300원을 지참하고 주민센터에 방문하면 된다. 전입 세대 열람은 매각 물건의 소재지와 상관없이 전국 어느 주민센터에서나 발급받을 수 있다.

외국인이나 재외동포는 출입국 관리사무소에 신고하게 되어 있다. 만약에 출입국 관리사무소에 신고한 선순위 임차인 외국인이 있다면 낙찰자가 인수해야 하므로, 외국인이 거주한다면 출입국 관리사무소에 방문해서 임대차 여부를 확인해야 한다.

주민등록법 시행규칙 [별지 제15호서식] <개정 2016. 12. 30.>

주민등록 전입세대 열람 신청서

※ 뒤쪽의 유의 사항을 읽고 작성하기 바랍니다.   (앞쪽)

접수번호		접수일자		처리기간	즉시
신청인 (위임받은 사람)	성명		(서명 또는 인)	주민등록번호	
	주소 (시·도)	(시·군·구)		연락처	
법인 신청인	기관명			사업자등록번호	
	대표자		(서명 또는 인)	연락처	
	소재지				
	방문자 성명		주민등록번호	연락처	

열람 대상 물건 소재지

용도 및 목적		증명 자료	

「주민등록법 시행규칙」 제14조제1항에 따라 주민등록 전입세대 열람을 신청합니다.

년   월   일

시장·군수·구청장 또는 읍·면·동장 및 출장소장 귀하

위임장			

「주민등록법 시행규칙」 제14조제1항에 따라 주민등록 전입세대 열람 신청을 위와 같이 위임합니다.

년   월   일

개인 신청인 (위임한 사람)	성명	(서명 또는 인)	주민등록번호	
	주소		연락처	
법인 신청인 (위임 법인)	기관명		사업자등록번호	
	대표자	(서명 또는 인)	연락처	
	소재지			

첨부 서류	1. 위임한 사람의 주민등록증 등 신분증명서(담당 공무원이 위임장의 진위 여부 확인을 위해 요청하는 경우) 2. 신청 자격 증명 자료(행정정보 공동이용을 통해 확인이 불가능한 경우)	수수료 1건 1회 300원

[ ]행정정보 공동이용 동의서(소유자) [ ]전·월세 거래 정보 시스템 이용 동의서(2014. 1. 이후 임차인)

본인은 이 건의 업무 처리를 위해 담당 공무원이 「전자정부법」 제36조제1항에 따른 행정정보의 공동이용을 통해 관할 행정청이 등기부 등본 등으로 본인 소유 여부 등을 확인하거나 「주택임대차보호법」 제3조의6제2항에 따른 전·월세 거래 정보 시스템의 확정일자 부여 사실로 임차인 여부 등을 확인하는 것에 동의합니다.

• 동의하지 않는 경우에는 신청인이 직접 관련 서류를 제출해야 합니다.

신청인(위임한 사람)   (서명 또는 인)

210mm×297mm[백상지(80g/㎡) 또는 중질지(80g/㎡)]

┃ 전입 세대 열람 신청서

38
저당권과 근저당권의
차이를 알자

저당권과 근저당권은 모두 돈을 빌려주고 담보로 제공한 부동산에 설정하는 등기이지만 다른 특성이 있다. 저당권은 설정 당시 채무액이 한정되어 있지만 근저당권은 한정되어 있지 않고 장래에 발생할 수 있는 채권까지 포함한 금액을 설정한다. 그래서 등기부등본에 저당권은 '채권액'으로 근저당권은 '채권 최고액'으로 표기하며, 근저당권의 채권액은 변제기에 확정된다. 즉 경매로 진행되면 배당 요구할 때 청구하는 금액이 확정 금액이 되는 것이다.

순위 번호	등기 목적	접수	등기 원인	권리자 및 기타 사항
18	근저당권 설정	2004년 7월 2일 제43491호	2014년 6월 30일 설정 계약	채권 최고액 금 120,000,000원 채무자 ▩▩▩ 대전광역시 ▩▩▩▩▩▩▩▩ 근저당권자 ▩▩▩▩▩▩▩ 17000-▩▩▩▩▩ 충남 아산시 ▩▩▩▩▩

▌근저당권

순위 번호	등기 목적	접수	등기 원인	권리자 및 기타 사항
11	저당권 설정	2015년 2월 13일 제12315호	2015년 2월 13일 설정 계약	채권액 금 10,000,000원 채무자 ▩▩▩▩ 대전광역시 ▩▩▩▩ 저당권자 ▩▩▩▩ 710101-******* 충남 아산시 ▩▩▩▩▩

▌저당권

은행에서 부동산을 담보로 대출을 실행할 때 이자 및 연체수수료를 확보하기 위하여 대출 금액의 보통 120% 정도를 채권 최고액으로 근저당을 설정한다. 예로 등기부등본에 국민은행에서 '채권 최고액 6,000만 원'으로 표기되어 있다면 소유자는 부동산을 담보로 5,000만 원을 대출받았다는 것이다.

39
가구와 세대는
용어가 다르다

　부동산 투자자로서 가구와 세대라는 말은 건축법에서 사용하는 용어로 구분하는 것이 편하다. 그 밖에 다른 법률이나 통계청 등에서 사용하는 가구와 세대의 개념은 거의 비슷한 의미로 쓰이기 때문에 구분하기가 어렵다.

　간단히 설명하면 가구는 한 장소에서 공동으로 취사, 취침 등을 하며 생계를 영위하는 단위로 가족 또는 친구도 가구의 구성원이 될 수 있다. 그러나 세대는 가족으로 보는 것이 이해하기 쉽다. 이것이 주택법이나 건축법에서 주택수를 판별하는 기준이 '세대'가 되는 이유이다.

　'1세대 1주택', '1세대 2주택', '1세대 다주택' 등 한 가족이 소유한 주택의 수를 나타낼 때 '세대'를 사용한다.

　세대의 가장인 '세대주'는 같이 생활을 영위하는 공간에 한 명만이 있어야 한다. 즉 단독 주택에는 단 한 명의 세대주만이 존재한다. 다가구 주택의 세대주는 주인 세대밖에 없고, 다세대 주택은 각 호별로 세대주가 존재한다.

40
주택은 층수와
바닥 면적 등으로 구분한다

주택은 건축된 층수와 바닥 면적 등으로 구분된다.

구분		내용
단독 주택		건축법상으로는 단독, 다중, 다가구, 공관 이렇게 4가지로 나뉘지만, 주택법상으로는 단독 주택이라고 통칭
공동 주택	아파트	층수가 5층 이상인 공동 주택
	연립	1개 동의 바닥 면적이 660m²을 초과해야 하며, 층수는 4층 이하의 주택
	다세대	바닥 면적이 660m2 이하이며, 층수는 4층 이하의 주택
세대 구분형 공동 주택		한 주택 내부가 각 세대별 구분이 된 구조여야 하며, 각 구분된 세대마다 욕실, 부엌, 현관이 있어야 한다. 세대별 면적은 14m² 이상 되어야 하며, 공동으로 사용 가능한 연결문 혹은 경계 벽이 있어야 한다.(부분 임대형 아파트, 가구 구분형 아파트 등)

준주택	기숙사, 노인 복지 주택, 오피스텔, 다중 생활 시설(서점, 사진관, PC방 등)
도시형 생활 주택	300세대 미만의 도시 지역 내에 건설되는 단지형 다세대 주택, 단지형 연립주택, 원룸형 주택
공공 주택	국가 혹은 지방자치단체와 같은 공공기관이 관리 및 임대를 진행하며 건설을 한 주택으로 임대를 목적으로 하며, 85m2 이하의 주택

41
분양 면적은
이렇게 계산한다

1) 전용 면적

각 가구가 독립적으로 사용하는 공간의 면적으로 방, 욕실, 거실 등 내부 면적을 말한다. 등기부등본에 기재되는 면적으로 세금 등을 산정할 때 기준이 된다.

2) 분양 면적

전용 면적에 복도, 계단 등 공용 면적과 전용 면적을 더한 면적이다. 흔히 매매나 임대차 계약시 ○○평형이라고 부르는 면적이다.

'전용 면적 ÷ 3.3'값에 4~6평을 더하면 분양 면적이 나온다. 이 공식을 이용하면 대략적인 아파트의 평형, 즉 분양 면적이 나오는데 가장 많이 건설된 85m²를 예로 들어보면 다음과 같다.

  85 ÷ 3.3 + 5 = 32.7

  즉 32~33평형이라 생각하면 거의 맞다. 만약 전용 면적이 170m²는 85m²의 2배이므로 64평형이 된다. 등기부등본이나 법원 경매 물건을 검색하면 전용 면적으로 기재되니 이 공식을 이용하면 쉽게 분양 면적을 예측할 수 있다.

42
연면적과 바닥 면적,
건폐율과 용적률을 알자

구분	내용
바닥 면적	주택의 바닥을 평면으로 봤을 때의 면적. 벽, 기둥 등의 중심선으로 둘러싸인 각 층 부분(실내)의 수평 투영 면적으로 연면적 산정의 근간이 되며, 건축물 대장에 기재되는 면적과 같다.
연면적	건축물의 각 층 바닥 면적을 합친 면적
건폐율	대지 면적에 대한 건물의 바닥 면적의 비율
용적률	대지 면적에 대한 건물 연면적의 비율

1) 바닥 면적

기준이 되는 벽, 기둥 등의 중심선은 사방이 벽으로 둘러싸인 방의 바닥 면적을 측정할 때 측정 길이의 기준이 벽 두께의 가운데이다.

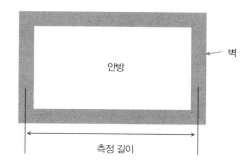

안방

벽

측정 길이

2) 연면적

각 층마다 바닥 면적을 모두 합친 면적으로 건물에서 사용 가능한 전체의 넓이를 말한다. 한 건물의 바닥 면적이 각각 지하층 1호 : 170m², 1층 1호 : 85m², 2호 : 85m², 2층 1호: 110m²라면, 이 건물의 연면적은 170 + 85 + 85 + 110 = 450m²가 된다.

3) 건폐율

대지에 지을 수 있는 건물의 바닥 면적 비율로, 만약 건폐율이 35%라면 100평의 토지에 지을 수 있는 건물의 최대 바닥 면적은 35평이 된다. 건폐율은 정부나 지자체에서 토지 용도에 따라 정한다. 해당 토지의 건폐율은 토지 이용 계획을(인터넷 사이트 : 토지 이용 규제 정보 시스템) 열람하면 알 수 있다. 건폐율은 토지의 용도에 따라 다르게 산정되므로 토지 활용의 척도가 된다.

건폐율 = 건축(바닥) 면적 / 대지 면적 × 100

4) 용적률

건물의 높이를 결정하는 비율로 용적률이 높을수록 건물을 더 높이 지을 수 있다. 용적률이 높다는 얘기는 건축물 연면적이 크다는 말과 같다. 그러므로 용적률이 높을수록 건축 가능한 층수가 더 많아진다.

용적률 = 건축물 연면적 / 대지 면적 × 100

5) 용적률과 건폐율의 예

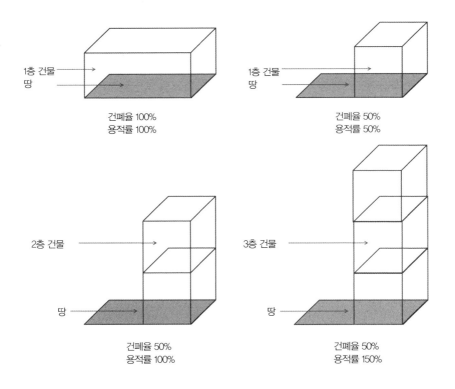

43
낙찰 후 드는 비용,
이렇게 계산한다

1) 취득세

취득가액	내용	취득세	농특세	교육세	합계
6억 원 이하	85m² 이하	1%	면제	0.1%	1.1%
	85m² 초과		0.2%		1.3%
6억 원 초과 9억 원 이하	85m² 이하	2%	면제	0.2%	2.2%
	85m² 초과		0.2%		2.4%
9억 원 초과	85m² 이하	3%	면제	0.3%	3.3%
	85m² 초과		0.2%		3.5%

85m² 이하의 아파트를 2억 원에 낙찰받으면,

200,000,000원 × 1.1% = 2,200,000원이므로

220만 원의 세금을 납부해야 한다.

2) 법무 비용 및 기타 수수료

소유권 이전 등기 시 법무 비용 및 기타 수수료는 낙찰가의 1~1.5% 정도 필요하다. 양도소득세 신고 시 법무사 영수증만으로도 경비로 인정되니, 영수증을 잘 보관해두자.

3) 미납 공과금

전용 부분(개인이 사용한 전기료, 수도료 등)과 공용 부분(엘리베이터, 경비비 등) 중 전용 부분만 낙찰자가 인수하면 되는데, 이중 연체료는 납부할 필요가 없다.

4) 명도비

명도비는 정해지지 않았지만 협상에 따라 얼마든지 줄일 수 있는 부분이다. 이사비를 많이 지불하면 좋겠지만 이사비는 경비로 처리가 안 될 뿐더러 많이 주면 많이 줄수록 수익이 줄어드니 잘 생각해야 한다. 그리고 명도할 때 무조건 이사비를 많이 준다고 감사해하지 않는다. 집을 비우고 나갈 때 고맙다고 하며 나가거나 얼굴을 붉히고 나가거나 하는 것은 어떻게 협상을 진행했는지에 따라 다르다.

5) 수리 비용

전문가가 해야 하는 일 외에는 조금만 익히면 직접 할 수 있다. 간단한 수리 정도는 직접 하는 편이 많은 비용을 줄일 수 있어서 좋다.

44
적정 중개수수료는
얼마인가?

중개수수료는 중개업법에서 적정 요율을 정하고 있다. 원래 정해진 수수료율보다 높게 받으면 영업 정지의 사유가 된다. 그래서 보통의 중개사는 적정 수수료보다 더 수고비로 달라고 하지 않는다. 간혹 일부 비양심적인 중개업자가 먼저 많은 수수료를 요구하는데 적정 수수료를 알고 있다면 이에 대응할 수 있다. 또한 매도자의 입장에서 빨리 매도하고 싶다면 적정 수수료보다 더 많이 주는 것이 효과적일 때도 있다. 이는 매도자가 선택해야 할 문제이다.

중개사는 중개수수료를 매도자, 매수자 모두에게서 받는다. 만약에 1억 원에 매매거래가 성사된다면 매수인에게 50만 원, 매도인에게 50만 원을 받아 전부 100만 원의 수수료를 받게 된다.

▎부동산 중개수수료 요율표(주택)

6억 원 이하	거래 금액	상한 요율	한도액	비고
매매·교환	5,000만 원 미만	0.6%	25만 원	거래 금액 − 매매 : 매매 가격 − 교환 : 교환 대상 중 가액이 큰 중개 대상물 가액
	5,000만 원 이상 ~ 2억 원 미만	0.5%	80만 원	
	2억 원 이상 ~ 6억 원 미만	0.4%	없음	
	6억 원 이상 ~ 9억 원 미만	0.5%	없음	
	9억 원 이상 ~	0.9% 이하에서 협의		중개업자는 상한 요율 이상 금액을 요구할 수 없음
임대차 (전세·월세 등)	5,000만 원 미만	0.5%	20만 원	거래금액 − 전세 : 전세금(보증금) − 월세(차임이 있는 경우) = 보증금 + (차임액×100) 단, 거래 금액이 5,000만 원 미만일 경우 = 보증금 + (차임액×70)
	5,000만 원 이상 ~ 1억 원 미만	0.4%	30만 원	
	1억 원 이상 ~ 3억 원 미만	0.3%	없음	
	3억 원 이상 ~ 6억 원 미만	0.4%	없음	
	6억 원 이상 ~	0.8% 이하에서 협의		중개업자는 상한 요율 이상 금액을 요구할 수 없음

45
공인중개사가
다 아는 것은 아니다

우리는 흔히 공인중개사를 통하면 100% 안전하고, 공인중개사는 부동산 관련 법에 정통할 것으로 인식하는 경향이 있다. 물론 거의 모든 공인중개사는 중개 거래에 풍부한 경험과 지식이 있다. 그러나 몇몇 중개사는 가끔 중개 사고를 일으키기도 하며, 가끔은 매수자와 매도인을 기만하기도 한다.

공인중개사가 실수하여 매수인이나 매도인에게 손해를 입히면 중개업 등록 시 가입한 공제 조합에서 1억 원까지 보장받을 수 있으나, 보장 한도 금액을 초과하는 손실이 발생하거나 중개업자의 기만행위로 손해를 입으면 자칫 자산에 피해를 입을 수 있으므로 몇 가지는 항상 조심하고 살펴보아야 한다.

1) 은행권 근저당 외의 권리가 있는지 확인하라

간혹 중개 거래를 너무 쉽게 생각하는 공인중개사가 있다. 내가 직접 겪은 일이다. 거래 대상 부동산에 가압류가 설정되어 있었다. 매매 계약을 하러 갔는데, 그제야 말했다.

"오늘 계약하시고, 중도금으로 가압류권자에게 돈을 주고 필요 서류 받고 가압류를 말소하죠?"

"네? 그 사이에 가압류권자가 경매 신청하면 어쩌려고요?"

"……."

"만약 사고 나면 사장님이 책임지실 수 있으세요?"

"그렇게 생각하면 세상 무서워서 아무 일도 못하겠네."

나는 속으로 '저는 사장님의 생각이 무섭습니다.'고 생각했다. 사고가 발생할 확률은 정말 적지만, 만에 하나 사고가 난다면 그 확률은 100% 가 되는 것이다. 근저당 외의 권리가 있다면 사전에 해결이 가능한지 꼭 확인해야 한다. 어느 공인중개업자는 중개수수료로 30만 원을 받았는데, 사고가 나서 3,000만 원을 물어줘야만 했다. 개인이고 중개업자고 큰돈이 오가는 거래는 너무 쉽게 생각하면 안 된다.

2) 중개업자가 작심하고 사고 친 경우

작년에 한 중개업소에서 몇 십억을 고의로 사기를 쳐 수십 명의 서민이 피해를 입은 일이 세간을 뜨겁게 했다. 세입자에게는 전세로 나온 주택으로 소개하고, 집 주인에게는 월세 임차인으로 연결해주고 그 차액을 챙긴 사건이다. 세입자에게 받은 거액의 전세 보증금 중 일부를 매월 차임으로 집 주인에게 송금했다. 세입자는 당연히 전세로 계약된 줄 알고 있었고, 집 주인은 임차인이 월세로 거주하는 것으로 생각했다. 몇 년 후 이 중개인이 챙긴 돈을 다 쓰고 더 이상 월세를 송금하지 못하자 집주인이 세입자에게 쫓아가 집을 비우라며 실랑이를 하는 과정에서 사건의 전모가 밝혀지게 됐다.

이런 황당한 사건이 발생한 이유는 집주인과 임차인이 계약 당시에 서로 만나 계약 당사자를 확인하지 않았기 때문이다. 매매든 임대차든 계약을 하게 되면, 계약 당사자가 서로 마주 앉아 신분증을 확인하여야 하는데, 이 과정을 무시하고 그냥 계약하면 사고가 날 수 있다. 위 사건의 경우에는 중개업자가 방문하기가 번거로울 테니 집주인에게 직접 참석하지 않아도 본인이 잘 알아서 거래를 성사시키겠다고 안심시키고 진행했다.

그 밖에도 중개업소에서 일명 막도장을 수십 개씩 새겨 놓고 임의로 임대차 계약을 중개하는 업소들도 있는데, 집주인이든 임차인이든 거래가 성사된다면 꼭 당사자를 확인해야 사고를 방지할 수 있다는 것을 명심하자.

46

양도소득세는
직접 신고하고 납부한다

양도소득세는 계산이 어려워 회계사에게 맡기기도 하는데, 한두 시간만 들이면 충분히 혼자서 신고 납부가 가능하다. 짧은 시간 투자로 많은 비용을 줄일 수 있다. 부동산 투자를 계속하고자 한다면 익혀두는 것이 좋다.

'일시적 2주택', '1주택 비과세' 등 소유 주택과 상황에 따라 양도소득세 관련 계산법이 다르다. 모두 다룰 수는 없으니, 이 책에서는 경매로 취득 후 매도하는 부동산에 관한 양도소득세 계산법만을 다루겠다.

양도소득세 계산

①양도가액 (매도가격)

－ ②취득가액 및 필요 경비 : 매입 가격 및 세금

= 양도 차익

－ ③장기 보유 특별 공제 : 토지 · 건물의 양도 차익 × 공제율

= 양도소득 금액

－ ④기본 공제 : 1인 1년에 한 번 250만 원, 미등기 양도 자산은 적용 배제

= 과세 표준

×⑤세율 : 양도소득세율

= 자진 납부할 세액

총 납부할 세액 = 자진 납부할 세액 + ⑥주민세(자진 납부할 세액 × 0.1)

① 양도가액

실제 매도한 가격

② 취득가액 및 필요 경비

취득가액 : 실제 매입한 가격 및 취득 시 부대 비용 (법무수수료, 중개수수료 등) －
법무사에 소유권 등기 이전 의뢰 시 받은 영수증으로 갈음.

필요 경비 : 용도 변경이나 개량 또는 이용 편의를 위해서 지출한 비용으로 자본적 지출 등을 말한다. 섀시, 확장 공사, 난방 시설 교체비 등이 해당된다.

③ 장기 보유 특별 공제

3년 이상 장기 보유한 주택을 매도하는 경우에 주는 혜택으로 1가구 1주택은 9억 원까지 비과세이고 9억 원 초과에 대하여 과세한다. 또한 최대 80%까지 양도세를 공제해준다. 반면에 다주택자, 건물, 토지 등에 대하여는 누진 공제율이 최대 30%까지로 세금 공제액이 많지 않다.

거래 금액	1세대 1주택	다주택 / 건물, 토지
3년 이상 ~ 4년 미만	24%	10%
4년 이상 ~ 5년 미만	23%	12%
5년 이상 ~ 6년 미만	40%	15%
6년 이상 ~ 7년 미만	48%	18%
7년 이상 ~ 8년 미만	56%	21%
8년 이상 ~ 9년 미만	64%	24%
9년 이상 ~ 10년 미만	72%	27%
10년 이상	80%	30%

▌ 양도소득세 장기 보유 특별 공제율

④ 기본 공제

1인당 1년에 매도하는 부동산의 양도소득 금액에서 250만 원을 공제해준다. 1년에 2개의 부동산을 매도했다면, 원하는 부동산에 공제 가능한데 올해 사용하지 않았다고 내년에 500만 원을 공제하는 것이 아니라 무조건 1년에 250만 원 한도이고, 사용하지 않으면 그냥 소멸된다. 부부 공동 명의 부동산을 매도했다면 양도소득세는 각자 따로 계산하며 기본 공제도 각각 250만 원씩 가능하다.

⑤ 양도소득세율

크게 보유 기간과 과세 표준 금액의 범위에 따라 양도소득세율이 달라진다.

보유 기간	양도 세율
1년 미만	40%
1년 이상	6~38% (과세 표준 금액에 따라 다름)

▌보유 기간에 따른 양도 세율

과세 표준	양도 세율	누진 공제
1,200만 원 이하	6%	–
4,600만 원 이하	15%	108만 원
8,800만 원 이하	24%	522만 원
15,800만 원 이하	35%	1,490만 원
15,800만 원 초과	38%	1,940만 원

▌과세 표준 금액의 범위에 따른 양도 세율

누진 공제는 이전 구간에 지불한 세금에 대해서 공제 금액을 미리 계산한 것이다. 즉 과세 표준이 4,000만 원이라면 4,000 × 0.15 = 600만 원이지만 1,200만 원까지는 6% 세율이므로 15%로 계산된 1,200만 원에 대하여 9%의 할인을 해줘야 한다. 이 금액이 108만 원이다. 따라서 납부해야 할 세액은 600 − 108 = 492만 원이 된다.

⑥ 주민세

주민세 = 자진 납부할 세액 × 0.1으로, 양도소득세로 납부해야 할 금액이 500만 원이라면 50만 원의 주민세를 포함해서 총 550만 원의 세금을 납부해야 한다.

예제1)

홍길동 씨 개인 명의

2016년 3월 15일에 서울 소재 주택 매입 : 2억 원

취득세 및 법무 비용 영수 금액 : 300만 원

2016년 11월 26일 매도 : 2억 3,000만 원

이 경우 양도소득세를 계산하면 총 납부할 세액은 10,780,000원이 된다.

구분	금액(원)	비고
매도가격	230,000,000	
매입가격	−203,000,000	취득세 및 자본적 지출액 포함
양도 차익	27,000,000	
장기 보유 특별 공제	− 0	3년 이상만 공제
양도소득 금액	27,000,000	
기본 공제	2,500,000	
과세표준	24,500,000	
양도소득세율	× 40%	1년 내 매도이므로
자진 납부할 세액	9,800,000	
총 납부할 세액	10,780,000	9,800,000 + 980,000(주민세, 자진 납부할 세액 × 10%)

예제2)

홍길동 씨 개인 명의

2016년 3월 15일에 서울 소재 주택 매입 : 2억 원

취득세 및 법무 비용 영수 금액 : 300만 원

2017년 11월 26일 매도 : 2억 3,000만 원

다른 내용은 같고, 매도 시점만 1년이 넘었다. 양도소득세를 계산하면 총 납부할 세액은 2,854,500원이 된다.

구분	금액(원)	비고
매도가격	230,000,000	
매입가격	−203,000,000	취득세 및 자본적 지출액 포함
양도 차익	27,000,000	
장기 보유 특별 공제	− 0	3년 이상만 공제
양도소득 금액	27,000,000	
기본 공제	2,500,000	
과세 표준	24,500,000	
양도소득세율	× 15%	과세 표준 4,600만 원까지
자진 납부할 세액	2,595,000	3,675,000−1,080,000(누진 공제액)
총 납부할 세액	2,854,500	2,595,000+ 259,500(주민세, 자진 납부할 세액 × 10%)

두 예제에서 보듯이 보유 기간이 1년 미만이냐, 이상이냐에 따라 엄청난 금액이 차이가 난다.

공돈이 생겼어요(무피 투자)

    공매로 진행되는 물건 중에 주상 복합 아파트가 눈에 띄었다. 한 동짜리로 건축됐는데, 지은 지 20년 정도 되어서 사진으로 보기에는 조금 허름해보였다. 감정가격은 7,300만 원이었고 한 번 유찰되어 최저 매각가격이 약 6,600만 원이었다. 대항력 있는 임차인으로 5,000만 원의 보증금을 배분 요구한 점유자가 있음이 표시됐다. 전용 면적이 33㎡로 약 14평형으로 방 1개에 화장실 1개로 감정 평가에 나와 있었다. 방이 단 하나인 것이 아쉬웠지만 위치가 괜찮아 보였다.

[권리 분석]

임차인 2012년 7월 12일 5,000만 원. 전입, 확정

서대전세무서 2012년 12월 10일

건강보험 2014년 3월 5일

    선호하지 않는 대항력 있는 임차인이지만 캠코에 전화해보니 세무서와 건강보험의 배분 요구액이 크지도 않았고, 6,000만 원 이상만 낙찰되

면 임차인이 전액 배당받으므로 위험하지는 않은 물건으로 분석됐다.

[현장 조사]

해당 아파트는 2차선 도로변에 위치했는데 아파트 바로 앞 횡단보도 건너 초등학교가 위치해 있었다. 걸어서 10분 거리에 롯데백화점, 학원가, CGV, 홈플러스 등 편의 시설이 많았다. 입지 조건으로는 더할 나위 없이 좋은 여건이었다. 주변 중개업소에 들렀다.

"매물로 나온 것이 있나요?"

"몇 개월 전에 비슷한 평의 물건이 하나 나왔는데, 찾는 사람이 없네요."

"싸게 내놓으면 나갈까요?"

"싸든 비싸든 찾는 사람이 있어야 거래를 성사시키죠."

세 군데 중개업소에 들렀는데 다 비슷한 반응이었다. 근 몇 개월간 거래된 사례는 없지만 작년에 3건이나 거래된 것으로 파악됐다. 저렴하게 낙찰받아서 싸게 내놓으면 매도할 수 있을 것으로 여겨졌다.

"잠시 얼굴 뵙고 얘기 좀 나눌 수 있을까요?"

"그냥 말씀하세요."

낮부터 저녁까지 장시간 기다림 끝에 집에 불이 켜지는 것이 보여 얼른 뛰어가 초인종을 누르고 임차인을 만났는데, 문을 열어주지 않았다.

"대항력도 있고, 배분 요구도 하셔서 6,000만 원 이상만 낙찰되면 전액 배당받으실 수 있을 것 같은데요. 잠시 집 좀 보여주실 수 있을까요?"

"저 혼자라 문 열어드리기가 좀 그러네요."

몇 차례 사정해도 문은 열리지 않았다.

"그럼 누수라든가 특별히 불편한 거는 없나요?"

"예, 그런 거 없어요. 사는 데 불편한 거 없어요."

결국 집안 내부는 못 보고 돌아와야만 했다.

건물 자체에 특별한 하자는 없는 것으로 보이니 이제 적정 시세 판단과 입찰가격을 결정하는 것이 관건이었다. 과거 실거래가 신고 내역이 3건 있었고, 그중 같은 평형은 1건에 불과해 쉽게 판단을 내릴 수 없었다. 어쩔 수 없이 인근 거래 사례를 참고해야 했다. 비슷한 건축 년도, 비슷한 입지 조건, 같은 평형의 주상 복합 아파트를 검색했다. 다행히도 이 주변은 주상 복합 아파트가 많았고 거래 사례도 있었기에 적정 시세를 판단하는 데 도움이 많이 됐다. 한 번 더 유찰되면 입찰할까 하다가 지금 입찰해도 수익이 날 것 같다는 생각에 입찰했고, 단독 입찰로 낙찰되었다.

[쉬운 명도]

그런데 낙찰 후에도 임차인이 끝끝내 집을 보여주지 않았다. 여자 혼자 살아서 남자를 절대 들일 수 없다고 했다. 그래서 커피숍에서 만났다.

"계속 거주하실 건지, 아니면 이사 가실 건지요?"

"어차피 직장을 옮겨야 해서, 이사 갈 생각이에요."

"그럼, 이사 날짜 잡히면 연락주세요. 짐 빼는 거 보고 명도 확인서와 제 인감증명 드릴 테니 캠코에 가서 돈 받으시면 됩니다."

"알았어요."

전액 배당받는 사람이라 그런지 이사 비용도 요구하지 않고, 명도 확인서를 먼저 달라고 요청하지도 않았다. 합의가 너무 쉽게 됐다. 며칠 후 연락이 왔다.

"다음 주 토요일 10시에 이삿짐 센터 계약했어요."

"알겠습니다. 그럼 제가 서류 준비해서 집으로 가겠습니다."

보통 이사는 2시간 정도는 걸리니 11시쯤에 방문할 생각으로 시간에 맞춰 가던 중 연락이 왔다.

"짐 다 뺐으니까 밖에서 만나요."

"네, 알겠습니다."

짐을 먼저 빼다니 너무 쉽다. 일이 너무 잘 풀리는 듯했다. 만나서 명도 확인서와 인감증명을 건네주고 집 열쇠를 넘겨받았다.

바로 집으로 향했다. 현관을 보는 순간 머리가 '띵~'해졌다. 이럴 수가. 현관문의 디지털 도어록을 분리해서 가져가고 그 자리를 신문으로 막아 놓았다. 이런 황당한 경우는 처음 겪었다. 명도비도 들지 않고 쉽게 해결된다 싶더니, 디지털 도어록을 떼어갈 줄이야.

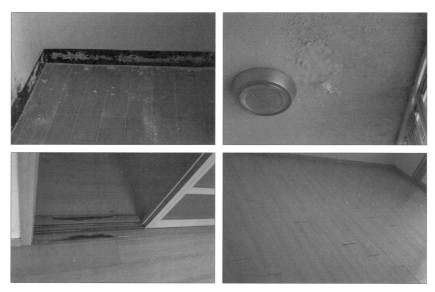

▎ 내부 사진

　특별한 하자가 없다더니, 안방의 마루는 틈이 벌어져 있고, 페인트는 다 벗겨져서 엉망이었다. 순하게 생겨서는 사람을 이렇게 놀리다니, 어이가 없었다. 어쩔 수 없이 도배와 장판, 페인트칠을 하고 청소까지 한 다음에 매물로 내어놨다.

　단기로 처리해서 적당히 수익을 남기려 했더니, 월세를 원하는 사람이 있어 고심 끝에 월세를 줬다. 내가 별로 선호하는 방식은 아니지만 결국 무피 투자가 됐다. 결국 내 돈은 한 푼도 들지 않고, 오히려 350만 원의 돈이 생기고 1년에 67만 원씩 생기고 있다.

▌ 낙찰가격과 월세 계약 내용

낙찰가 : 6,600만 원

취득세 및 경비 : 약 150만 원

대출 : 5,100만 원(대출 금리 연 3.4%)

월세 : 보증금 2,000만 원 / 월 20만 원

대출이자 : 연 173만 원

연수익 : 240만 원

총 경비 : 6,750−5,100−2,000=−350만 원

PART
07

경매 · 공매 Q&A
이럴 땐 어떻게 할까?

Q 낙찰을 잘못 받았어요(경매)

A 간혹 실수로 입찰가를 잘못 적었을 경우, 시세를 잘못 파악하여 입찰가를 잘못 산정한 경우, 낙찰 후 부동산의 권리상, 현황상 하자를 뒤늦게 발견했을 경우 등 잔금을 납부하면 큰 손해가 예상되는 경우에는 최선의 방어법으로 대응해야 한다. 운이 좋으면 입찰보증금을 회수할 수도 있으니, 모든 방법을 강구해야 한다.

```
┌─────────────────────────┐
│      경매 실시(매각 기일)      │
└─────────────────────────┘
             ↓
┌─────────────────────────┐
│        매각 결정 기일         │
└─────────────────────────┘
             ↓  7일 이내 즉시 항고
┌─────────────────────────┐
│        매각 확정 기일         │
└─────────────────────────┘
             ↓  7일 이내 재항고
┌─────────────────────────┐
│       대금 납부 기일 결정       │
└─────────────────────────┘
```

매각 기일에 최고가 매수 신고인이 되면 1주일 이내에 매각 허가, 불허가를 결정하게 되고, 이때 이 결정에 대해 즉시 항고해야 한다. 1주일 후 매각이 확정되면 다시 1주일간의 재항고 기간을 거쳐 대금 납부 기일을 결정하게 되는데, 대금 납부 기일이 결정되면 더 이상 항고할 수 없고 잔금을 납부하든지, 입찰보증금을 포기하든지 결정해야 한다.

매각 결정에 대한 항고 시에는 매각 절차에 대한 오류에 대해 사소한 점이라도 찾아내어 이를 원인으로 매각 허가에 대한 이의를 신청해야 한다. 이에 대한 판단은 법원에서 하므로 아주 사소한 이유라도 무조건 매각 불허가를 해야만 하는 원인을 주장해야 한다.

그래도 항고가 받아들여지지 않아 매각이 확정된다면, 다른 이유를 들어 다시 항고해야 한다. 매각 결정 후 주장한 내용은 인용되지 않았으므로 새로운 사실로 주장해야만 한다. 받아들일 확률은 더 줄었지만 불가능하지 않다. 간혹 이 단계에서 매각 결정이 취소되는 경우도 있다.

매각 불허가 신청서

사건번호 : 20○○타경 ○○○○호 임의 경매

채 권 자 :

채 무 자 :

소 유 자 :

    귀원 위 강제 경매 사건에서 본인은 20○○.○○.○○ 최고가 매수 신고인으로 낙찰된 바 있습니다. 그러나 본건은 20○○.○○.○○에 예고 등기가 접수되어 있는 물건으로 말소되지 않는 선순위 등기로 설혹 본인이 잔금을 납부하더라도 소유권 이전이 의문시 되는 물건입니다. 예고 등기 소송에서 현재 소유자가 패소하여 본인이 잔금 납부 후 소유권을 이전 받아도 향후 소유권 등기 말소 소송이 진행되면 본인의 소유권 취득이 무효화될 수 있으므로 매각 불허가하여 주시고 매각 보증금(23,000,000원)은 반환하여 주시기 바랍니다.

첨부 판결문 사본 1부 끝.

년   월   일

최고가 매수 신고인

주 소 :

성 명 : (인)

지방법원   귀중

매각 허가 결정 취소 신청

신청인(최고가 매수 신고인)
채 권 자 :
채 무 자 :

    위 당사자간의 귀원   타경 호 부동산 임의 경매 사건에 관
하여   년   월   일의 매각 기일에서 신청인은 최
고가 매수 신고를 하고, 매각 허가 결정을 받았으나 임차인의 대위 변제로 인하여
별지 목록의 부동산의 권리 행사에 막대한 불이익이 발생하므로 매각 허가 결정을
취소하여 주시기를 신청합니다.

첨 부 서 류

1. 대위 변제 확인서 1통

년   월   일

위 신청인(최고가 매수 신고인)   (인)

지방법원   귀중

Q 낙찰을 잘못 받았어요(공매)

A 내 경험으로 비추어볼 때, 공매 사건은 경매보다 매각 불허가에 대해 조금은 더 관용적으로 보인다. 경매 사건은 개인이나 기업의 채권 관계로 진행되다 보니 진행 절차에서 채권자의 권리에 침해가 생기는 것에 조심스럽다. 즉 채무자나 낙찰자의 사정으로 채권자의 채권을 회수하는 데 지장을 초래하는 것을 민감한 사항으로 보는 것 같다. 그러나 공매로 진행되는 물건은 대부분 세금 체납으로 나오는 것이므로 채권자가 국가인 셈이다. 그러므로 경매와 다르게 낙찰자의 권리에 침해가 생기는 사항에 더 조심스러워 보인다.

나의 경험을 비추어볼 때 경매보다 공매가 매각에 대한 취소 결정을 더 잘 해준다. 주변에 경매로 매각 허가 취소를 받았다는 얘기는 잘 듣지 못했다. 그러나 공매 물건은 사소한 이유를 원인으로 매각 취소를 신청해도 취소되는 경우가 종종 있다. 나도 지금까지 딱 두 번 매각 결정 취소를 신청했는데 두 번 모두 인용되어 입찰보증금을 돌려받을 수 있었다. 만약 두 건 모두 취소되지 않았으면 큰 손해를 입었을 것이다.

공무원 아파트 낙찰 취소 청구서

■ 공무원 아파트 낙찰 현황

○ 물건 : 대전 ○○공무원 아파트 107동 402호

○ 낙찰자

– 성명 : 이명재

– 주소 : 대전시 동구 ○○동 ○○ 1단지 아파트 ○○○동 ○○○호

■ 낙찰 취소 사유 : 온비드 공고 물건 화면상 면적 표기 오류

과세	동	호	층수	토지면적 (㎡)	토지면적 (㎡)			최저 매매 가격 (원)
					층수	층수	층수	
공고문 표기	0107	402	4	70.45	53.85	5.37	59.22	94,500,000
온비드 표기	"	"	"	80.81	"	"	67.93	

○ 개찰 일자 : 2000. 10. 7 (5차 매각 공고분)

○ 낙찰 금액 : 94,511,000원

■ 청구 내용

○ 반환 금액 : 94,511,000원 (투찰 금액)

○ 계좌 번호 : 은행 – – (예금주:)

○ 붙임 : 통장 사본 1부

귀공단에서 시행한 공무원 아파트 매각 낙찰 건에 대하여 상기와 같이
낙찰 취소를 청구하오니 조치하여 주시기 바랍니다.

2000. 10. 7

청구인 : 이명재(인)

Q 대항력 있는 임차인이 왜 무서운 거죠?

A 대항력 있는 임차인은 다른 권리보다 최선순위로 전입과 확정일자를 받은 사람을 말한다. 대항력 있는 임차인은 임차보증금을 모두 돌려받을 때까지 명도를 거부할 수 있다. 즉 경매 절차에서 전액 배당받지 못하면 낙찰자가 인수해야 한다는 말이다.

경매에서 일어나는 사고 중 큰 비중을 차지하는 사건이 대항력 있는 임차인의 물건이다. 낙찰가가 임차인의 보증금보다 현저히 높아 임차인이 전액 배당받고 인수해야 할 금액이 없는 것으로 생각하고 입찰을 했는데, 당해 세와 체불 임금이 고액이라 임차인이 배당받지 못하는 금액을 낙찰자가 전액 인수해야 하니 위험한 것이다.

다음 표에서 보듯이 대항력 있는 임차인은 5순위이지만 소액 임차인의 최우선 변제금과 최종 3개월분 임금과 최종 3년간의 퇴직금 및 재해보상금은 2순위로 먼저 배당이 된다. 최우선 변제금은 낙찰가의 1/2 범위 안에서 배당되지만 임금과 퇴직금의 액수에는 한도가 없다. 따라서 이 금액이 소액이라면 다행이지만 수천만 원을 넘는 큰 액수라면 대항력 있는 임차인이라 하더라도 단 한 푼도 배당받지 못하는 경우가 발생할 수도 있다.

배당 순위	해당 채권
0순위	경매 집행 비용
1순위	목적 부동산의 필요비, 유익비
2순위	**소액 임차인의 최우선 변제금. 최종 3개월 분 임금과 최종 3년간의 퇴직금 및 재해 보상금**
3순위	당해 세(집행 부동산에 대하여 부과된 세금)
4순위	법정 기일이 저당보다 앞서는 조세
5순위	(근)저당권, 전세권에 의하여 담보되는 채권. **확정일자부 임차인**
6순위	일반 임금, 기타 근로 관계로 인한 채권
7순위	법정 기일이 저당보다 늦은 조세
8순위	고용보험료 및 산재보험료 등
9순위	가압류 채권 등 일반 채권

3순위 당해 세도 대항력 있는 임차인보다 먼저 배당된다. 이런 이유들로 초보자들은 대항력 있는 임차인이 있는 물건을 피하라는 것이다. 대항력 없는 임차인은 배당 여부와 상관없이 명도의 대상이고, 배당 금액을 계산할 필요도 없으니 경매 초보들이 도전하기에 안성맞춤이다.

참고로, 당해 세와 임금 관련 배당 요구 여부는 법원 경매 정보 사이트에서 해당 물건의 '문건 접수 내역'을 확인하면 되고, 등기부등본에 근로복지공단에서 가압류를 했다면 근로복지공단이나 해당 경매계에 연락해서 사실 관계를 파악하면 된다.

Q 가처분이 말소 기준 권리보다 늦은데 말소가 안 되나요?

A 가처분은 권리 관계에 소송 중이거나 소송 예정일 경우 등기 권자가 부동산을 처분할 것에 대비하여 처분을 금지하기 위하여 설정하는 등기이다. 예를 들어 부동산 실제 소유자 몰래 누군가 서류를 조작하여 소유권을 이전 등기했다든지 등기부등본상 권리 관계에 다툼이 생기면 소송을 진행한다. 이런 경우 소송을 진행하는 사이에 등기부상 소유권자가 부동산을 처분하는 것을 막기 위한 조치로 보통 가처분을 등기해 놓는다.

가처분의 종류에는 처분 금지 가처분, 점유 이전 금지 가처분, 사해 행위 취소의 가처분, 건물 철거를 위한 처분 금지 가처분 등이 있다. 이 4가지 중 건물 철거를 위한 처분 금지 가처분인 경우에는 토지 소유자가 지상 건물 소유자를 상대로 소송을 걸어 건물의 철거를 목적으로 하는 가처분이다. 낙찰로 말소되지 않는 가처분이며 차후 본안 소송에서 가처분권자가 승소한다면 건물이 철거될 운명에 처해지니 위험한 가처분이라 할 수 있다.

참고로 가처분은 금전 채권이 아니기 때문에 경락으로 인하여 낙찰자가 인수 부담 또는 소멸, 그 여부만이 있을 뿐 배당은 하지 않는다.

Q 임차인이 유치권을 주장해요

A 유치권이란 물건 또는 유가증권에 관하여 채권이 생긴 경우, 그 채권을 변제받을 때까지 물건을 유치(점유)하고 인도를 거부할 수 있는 권리를 말한다. 경매에서는 신축 건물의 미지급 공사비에 대한 것이 대부분이다. 유치권이 성립한다면 낙찰자가 부담해야 하므로 유치권으로 신고 된 금액을 감안하여 입찰가를 결정해야 한다. 유치권자의 공사대금을 변제해야만 부동산을 인도받을 수 있기 때문이다.

유치권의 신고에 대해 법원은 아무런 실질적인 심사를 하지 않기에 허위의 유치권 신고가 많다. 유치권 신고자가 채무자와 짜고 저가에 낙찰받을 의도가 있거나 경매를 지연시킬 목적으로 허위의 유치권을 신고하기도 한다.

유치권의 성립 요건은 다음과 같다.

① 타인의 소유
② 경매 목적 부동산 자체에 대하여 발생한 채권
③ 목적 부동산을 합법적으로 점유
④ 유치권 배제 특약이 없어야 함

이 4가지 조건을 모두 만족해야 하는데, 가끔 임차인이 배당 요구를 했는데, 공사 업자가 유치권 신고를 하는 경우가 있다. 임차인이 거주하는 것이 명백한데도 유치권 신고를 한다는 것은 유치권자가 점유하지 않을 확률이 높기 때문에 유치권이 성립하지 않을 수 있다.

또 잘 확인하지 않는 사항이지만 보통의 임대차 계약서에는 '임대차 계약이 종료된 경우 임차인은 위 부동산을 원상으로 회복하여 임대인에게 반환한다.'라는 계약 조항이 있다. 이는 유치권 배제 특약과 같은 내용으로 유치권이 성립하지 않는 근거가 된다. 이처럼 어느 경우에도 임차인의 유치권 신고는 성립되지 않을 확률이 높다.

Q 대항력이 없던 임차인에게 대항력이 생겼어요

A 저당권 이후 임차인이 전입했는데, 선순위 저당권이 소액이고 임차인의 임차보증금 액수가 클 때, 임차인이 선순위 저당권을 대신 갚고 선순위로 되어 대항력 있는 임차인이 되는 것을 '대위변제'라고 한다.

> 1순위 저당권 3,000만 원
> 2순위 임차인 2억 원

위의 예에서 낙찰이 1억 5,000만 원에 된다면 저당권은 3,000만 원, 임차인은 1억 2,000만 원의 배당을 받고 임차인은 대항력이 없으므로 말소되고 경매 절차는 마무리된다. 그런데 임차인이 저당권 3,000만 원을 채무자 대신 갚고 말소한다면 임차인은 1순위가 되어 배당 여부와 상관없이 2억 원을 전부 보호받을 수 있게 된다. 이런 이유로 임차인이 대위변제를 하는 것이다. 대부분의 대위변제는 선순위 저당권이 소액일 때 발생한다.

민사집행법에서 대위변제는 배당 요구 종기일까지 가능하다고 명시

되어 있으나, 실무에서는 낙찰자가 잔금을 납부하기 전까지 받아준다. 따라서 선순위 채권이 소액일 경우에는 잔금을 납부할 때까지 임차인이 대위변제를 했는지 파악해야 한다. 만약 낙찰받은 부동산에 임차인이 대위변제를 했다면 상황에 맞게 대처해야 투자금을 지킬 수 있다.

▌ 대위변제 시점과 대처법

대위변제 시점	낙찰자의 대처법
매각 허가 결정 전	매각에 대한 이의 및 매각 불허가 신청
매각 허가 결정 확정 전	즉시 항고
잔금 납부 이전	매각 허가 결정 취소 신청
잔금 납부 이후	배당 절차 정지 신청 및 부당 이득 반환 청구의 소

잔금 납부 이후에는 절차도 복잡할뿐더러 소송 진행 비용이 따로 지출될 수도 있으니, 선순위 채권이 소액일 경우 꼭 잔금 납부하는 날 미리 등기부등본을 열람하여 대위변제 여부를 확인하는 것이 좋다.

Q 대지권 미등기 물건을 입찰해도 되나요?

A 집합 건물의 경우(특히 아파트) 전유 부분의 소유자는 아파트 전체의 토지 면적 중 일정 면적의 비율에 관한 대지 사용권을 가지는데, 이를 대지권이라 하며 등기부상 등기하여 대지권 등기가 되었다고 한다.

법원 매각 물건에 '대지권 미등기'라고 공시되는 물건이 있는데, 이는 구분 건물(각 호)에 관하여 소유권 등기가 경매 완료되었는데 아직 대지권에 대해서는 그 등기가 정리되지 않은 상황에서 건물만 경매로 진행될 때 표시한다.

법원에서 매각 시 일괄 매각하거나 감정가격에 토지 가격을 감정하였다면 낙찰 후 대지권 역시 낙찰자에게 이전되므로 아무 문제가 되지 않는다. 그러나 이런 물건의 경우 통상 대지권 등기는 최초 분양받은 사람(수분양자)이나 건축주 명의로 되어 있으므로 대지권 등기를 낙찰자에게 이전해주지 않을 경우, 법적 절차를 통해 낙찰자 명의로 이전하여야 하는 번거로움이 있다.

그리고 분양받은 사람이 토지 부분에 관하여 토지대금을 완납하지 않았거나, 토지에 관한 취득세를 납부하지 않았을 경우 그 부분에 관

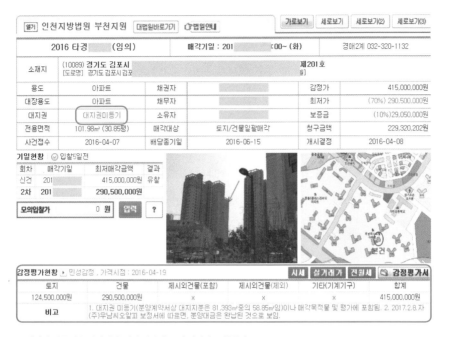

인천지방법원 부천지원 대법원바로가기 법원앤 가로보기 세로보기 세로보기(2) 세로보기(3)

2016 타경 ▢▢▢ (임의)		매각기일 : 201▢▢▢▢▢:00~ (화)		경매2계 032-320-1132	
소재지	(10089) 경기도 김포시 ▢▢▢▢▢▢▢ [도로명] 경기도 김포시 김포		제201호 필		
용도	아파트	채권자	▢▢▢▢	감정가	415,000,000원
대장용도	아파트	채무자	▢▢▢▢	최저가	(70%) 290,500,000원
대지권	대지권미등기	소유자	▢▢▢▢	보증금	(10%)29,050,000원
전용면적	101.98㎡ (30.85평)	매각대상	토지/건물일괄매각	청구금액	229,320,202원
사건접수	2016-04-07	배당종기일	2016-06-15	개시결정	2016-04-08

기일현황 ◉ 입찰5일전

회차	매각기일	최저매각금액	결과
신건	201▢	415,000,000원	유찰
2차	201▢	290,500,000원	

모의입찰가 0 원 입력 ?

감정평가현황 ▶ 민성감정 , 가격시점 : 2016-04-19   시세 실거래가 전월세 🔍 감정평가서

토지	건물	제시외건물(포함)	제시외건물(제외)	기타(기계기구)	합계
124,500,000원	290,500,000원	x	x	x	415,000,000원
비고	1. 대지권 미등기(분양계약서상 대지지분은 81,393㎡ 중의 58.85㎡임)이나 매각목적물 및 평가에 포함됨. 2. 2017.2.8.자 (주)우남씨오알피 보정서에 따르면, 분양대금은 완납된 것으로 보임.				

▎대지권 미등기 물건이지만 감정 평가에 토지 가격이 포함됐다.

하여 추가 비용이 발생할 수도 있으므로 입찰 전에 토지대금 완납 여부를 확인하여야 한다.

만약 법원의 매각 명세서에 '대지권 없음' 또는 감정 평가에 대지에 대한 평가액이 없을 경우에는 건물만 매각되는 물건으로 대지에 대한 권리가 없으므로 대지권을 따로 매입해야 한다. 해결 과정이 복잡하고 어려워서 초보가 접근하기에는 까다롭다.

Q 아깝게 2등 했어요. 차순위 매수 신고할까요?

A 입찰 종료 후 최고가 매수 신고인(낙찰자)이 정해지면, 집행관은 차순위 매수 신고를 하려는 사람이 있는지 묻는다. 이는 낙찰자가 잔금을 미납할 경우 다시 경매 절차를 진행하려면 시간과 비용이 낭비되니 낙찰자가 잔금을 미납할 경우 차순위 매수 신고인에게 낙찰의 자격을 주는 것이다.

차순위 매수 신고 요건은 최고가 매수 신고인의 입찰금액에서 입찰보증금을 제한 금액보다 큰 금액으로 입찰한 사람이다. 보통은 2순위 입찰자가 차순위 매수 신고를 하지만, 입찰금액이 위의 요건에 맞는다면 3순위 입찰자도 가능하다.

구분	가격	비고
최저 매각가격	8,000만 원	
입찰가격	9,700만 원(김낙찰 씨)	낙찰자
	9,000만 원(이차순 씨)	차순위 매수 신고 가능
	8,500만 원(최불가 씨)	차순위 매수 신고 불가능

이 예에서 차순위 매수 신고가 가능한 입찰금액의 기준은 최고가 매수 신고인의 금액 9,700만 원에서 입찰보증금 800만 원을 제한 8,900만 원이 된다. 이차순 씨는 이 금액보다 높게 응찰했으므로, 차순위 매수 신고의 자격이 있으며, 최불가 씨는 기준 금액보다 적게 응찰했으므로 차순위 매수 신고의 자격이 없다.

최고가 매수 신고인이 미납하게 되면 차순위 매수 신고인에게 낙찰의 기회가 될 수도 있지만 이런 경우는 흔치 않다. 차순위 매수 신고인은 낙찰자가 잔금을 납부하거나 경매 절차가 취소되어야만 신고할 때 납부한 입찰보증금을 돌려받을 수 있다.

만약에 낙찰자가 정해지고 잔금을 납부하기 전에 경매 취소 신청이 접수되어 심사에 들어가게 되면 인용 또는 기각 결정이 날 때까지 기다려야 한다. 자칫하면 몇 개월간 보증금만 묶이는 경우도 발생할 수 있으니, 차라리 차순위 매수 신고를 하지 않고 다른 물건을 찾아 입찰하는 것이 더 유리할 수 있다.

Q 대출이 불가능하다고 해요

A 경매로 매각되는 모든 부동산이 낙찰가격의 80%까지 대출이 가능한 것은 아니다. 부동산 종류별로 대출 가능 금액이 있는데, 가장 거래가 잘 이루어지는 부동산이 가장 많은 금액으로 대출이 쉽게 이루어지며, 거래가 빈번이 이루어지지 않는 부동산은 낙찰가격 대비 대출 비중이 적다. 즉 주거용 부동산, 그중 아파트와 다세대 주택의 대출이 가장 쉬우며, 토지가 낙찰가격 대비 대출 가능 비율이 가장 적다.

또한 흔히 말하는 선순위 임차인, 유치권, 가처분, 선순위 가처분 등 특수 물건은 대출이 잘 되지 않는다. 유치권의 경우에는 유치권의 성립 여부와 상관없이 유치권 신고 자체만으로도 대출이 불가능한 곳이 많다. 선순위 임차인의 경우에는 임차인이 아니라는 증거를 제시하면 대출이 가능하기도 하며, 변호사나 법무사의 소견서를 첨부하면 대출이 가능한 경우도 있는데 이때는 담보 대출 이율이 조금 더 높은 경우가 많다.

1금융권보다 2금융권이 대출에서 조금 덜 까다로운 대신 이율이 조금 더 높은 경우가 많다. 간혹 법원 앞에서 명함을 나눠주는 대출 중개인들을 이용하면 일반 은행에서는 잘 실행되지 않는 사건도 대출이 가능한 경우가 있다. 이 역시 약간의 추가 비용과 금리가 조금 올라갈 수 있다. 대출 중개인들은 법무사의 의뢰로 일을 하기 때문에 대출이 조금 더 쉽다.

대출이 안 되어 잔금을 마련하는 데 어려움을 겪을 수도 있으므로 매각 물건에 특이 사항이 있다면 은행에 미리 대출 가능 금액을 알아본 후 입찰하는 것이 안전하다.

Q 세입자가 배당받아야
나갈 수 있다고 버텨요

A "이사 갈 집은 알아보고 계신가요?"
"배당받아야 그 돈으로 집을 구하죠."
"배당받을 때까지 이사 갈 집도 알아보지 않는다는 말씀인가요?"
"그럼, 돈이 없는데 어떡해요?"

낙찰을 받고 명도 협상에 들어가면 가장 많이 듣는 말이다. 배당받기 전에는 돈이 없으니 이사 갈 집을 알아볼 수도 없다는 것이다. 그렇다면 임차인이 배당받을 때까지 무작정 기다려야 할까? 또 배당받아야 하니 명도 확인서를 미리 달라고 한다. 정말 미리 줘도 괜찮을 것일까?

정답은 '아니다.'이다. 명도 확인서를 건네주는 순간 낙찰자의 유일한 무기가 사라진다. 임차인은 낙찰자의 명도 확인서와 인감증명이 있어야만 배당에 참여가 가능하다. 그러므로 명도 확인서는 말 그대로 집을 인계받으며 주어야지, 집도 인계받지 않았는데 주었을 경우 배당이 끝났는데도 차일피일 시간을 미루며 집을 비워주지 않는 정말 힘든 상황이 될 수 있다. 이때는 소송으로 진행해야만 내보낼 수 있다. 그러니 집을 넘겨받지도 않았는데 명도 확인서를 주면 안 된다.

그렇다면 배당받기 전에는 집을 비워줄 수 없다는데 어떻게 해야 할까? 내 경험으로 가장 좋은 방법은 이사 갈 집 계약을 먼저 할 것을 권유하는 것이다.

"사장님, 그럼 이사 갈 집을 먼저 알아보신 후 계약금만 입금하시고 잔금은 배당받는 날에 지급하시는 것으로 말씀하시지요."

"그래도 돈이 없는데……."

"계약금만 치르는 것은 큰돈이 들지 않으니, 그렇게 하시는 것이 좋을 것 같습니다. 그러면 배당일까지 거주하게 해드리겠습니다. 그리고 당일 아침에 이사 가실 때, 명도 확인서 드릴 테니 배당받고 잔금 치르시면 될 것 같습니다."

내 경험으로는 이 방법이 임차인과 낙찰자 서로에게 가장 좋은 해결책인 듯하다.

Q 전입일과 확정일자 사이의 기간이 많이 차이 나요

A 대부분의 임차인은 전입신고를 하며 확정일자도 같이 받는다. 그런데 법원에서 진행되는 물건 중 임대차 신고 내역에 전입일과 확정일이 다른 경우가 있다. 이는 허위의 임차인으로 의심할 만한 여지가 많다. 그러나 간혹 전입 1년이나 2년 후 확정일자 신고가 되어 있다면 임차보증금을 증액하고 다시 확정일자를 받았을 경우도 생각해야 한다.

2015년 임차인 임대차 계약 5,000만 원

2016년 근저당 국민은행 1억 원

2017년 임차인 보증금 2,000만 원 증액

참고로 위의 사례처럼 대항력 있는 임차인이 보증금을 증액했는데, 그 사이에 근저당이 설정되었다면 추가로 증액한 보증금은 대항력이 없다. 이전에 계약한 5,000만 원만 대항력이 있고, 나중에 증액한 2,000만 원에 대해서는 대항력을 주장할 수 없으며 배당 여부에 상관없이 낙찰로 소멸된다.

Q 임차인의 전입일과 은행의 근저당 설정일이 같을 경우, 임차인은 대항력이 있나요?

A 임차인은 등기부등본상 권리가 깨끗하기에 임대차 계약을 했고, 이사하며 전입신고를 하고 임대차 계약서에 확정일자를 받았다. 은행에서 같은 날 아침에 전입신고된 사람이 아무도 없기에 대출을 실행해주고 근저당을 설정했다. 통상 임차인은 이사를 마친 후 전입신고를 하고, 은행은 9시에 영업을 개시하며 바로 진행하기에 발생하는 일이다. 간혹 경매 사건 중 임차인의 전입일과 은행의 근저당 설정일이 같은 경우가 있는데 이런 상황 때문이다.

위와 같은 경우 임차인의 대항력 발생 시기는 은행의 근저당보다 늦어 대항력 없는 임차인으로서 배당 여부와 상관없이 말소 대상이 된다. 임차인의 대항력은 전입신고와 이사를 마친 다음 날 0시에 발생하지만, 은행의 근저당은 설정(등기소에 접수한) 당일에 발생하기 때문이다. 그래서 임차인의 전입신고와 은행의 근저당 설정이 같은 날 이루어졌다면 임차인의 대항력이 은행의 근저당보다 늦어 대항력이 없다. 즉 임차인에게는 안타까운 일이지만 낙찰자에게는 위험하지 않은 안전한 물건이다.

Q 잔금을 납부했는데 공동 매각 물건이라 언제 배당될지 모른대요

A 채무자가 은행에 부동산을 담보로 돈을 빌릴 때, 채무자 소유의 여러 부동산에 공동 담보를 설정하는 경우가 있다. 즉 채무자가 소유한 주택1, 토지1, 주택2가 있다고 하면 대출을 실행해주며 세 부동산에 공동으로 담보를 설정하는 것이다.

이런 경우 이후 채무자가 돈을 잘 갚지 않아 은행에서 경매를 신청하면, 공동 매각으로 한 사건 번호로 진행한다. 예를 들어 2017-00001(1), 2017-00001(2), 2017-00001(3)으로 진행을 하는 경우인데 물건 번호는 달라도 하나의 사건으로 모든 사건이 매각되어야만 배당을 한다. 셋 중 하나라도 매각되지 않는다면 배당을 하지 않는 것이다.

만약 1번 물건 주택에 임차인이 있고, 최우선 변제금으로 2,000만 원을 받을 수 있다면 일반적인 경우에는 잔금을 납부하고 1~2개월 정도면 배당이 되니 이 기간에 명도를 마무리 짓고 수익을 실현할 수 있다. 그러나 공동 매각의 경우에는 모두 매각되어야만 배당이 되므로 임차인이 배당을 받으려면 몇 개월이 걸릴지 모른다. 그러므로 명도에 대한 저항이 큰 편이며 낙찰자가 곤란한 상황에 처할 수 있다. 공동 매각 물건은 이 점을 염두에 두고 입찰해야 한다.

Q 전소유자의 가압류가 있는데, 낙찰자가 인수해야 하나요?

등기 원인	등기 권리자
소유권	최OO
가압류	이OO
소유권 이전	정OO
근저당권	OO은행
임의 경매	OO은행

A 전소유자의 가압류는 낙찰 후 말소된다는 의견과 인수된다는 의견이 있다. 그런데 법원의 업무 지침서인 『법원실무제요』에서는 전소유자의 가압류를 말소시키는 것을 원칙으로 한다. 만약 법원에서 전소유자의 가압류를 낙찰자에게 인수시키면 『법원실무제요』를 근거로 배당 이의 신청을 해야 하고, 이의 신청이 받아들여지면 전소유자의 가압류는 말소된다.

부동산에 다른 선순위의 부담이 없는 상태에서 가압류 등기 후 소유권이 이전되어 현소유자의 채권자가 경매 신청을 하여 매각이 된 경우 전소유자에 대한 가압류는 말소되어야 하고, 다만 그 가압류권자에 대한 배당액은 공탁하여야 한다는 견해와, 위 가압류 채권자는 배당에 가입할 수 없으므로 그 가압류 등기는 말소할 수 없고 또한 현소유자 명의의 이전 등기도 말소할 수 없다는 견해가 대립되어 있는데, 전자의 견해에 의하는 것이 타당하다.

– 『법원실무제요』

Q 잔금 납부 기한을
넘겼어요

A 경매 물건을 낙찰받았으나, 대출이 어렵다거나 필요한 자금
조달 시간이 조금 늦어져 잔금 납부 기한을 넘기는 경우가 있
다. 이때 낙찰자는 재매각 기일 3일 전까지 연 20%에 해당하는 지연이
자와 잔금을 납부하면 소유권을 취득하게 된다.

그러나 만약에 차순위 매수 신고인이 있을 경우에는 차순위 매수 신
고인에게 낙찰의 자격이 주어지고, 차순위 매수 신고인이 잔금을 납부
하면 원래 낙찰자의 입찰보증금은 몰수되고 배당금에 포함된다.

Q 상가를 주거용으로 사용하고 있어요

A 건축 면적을 늘리기 위해 1층을 근린 생활 시설(상가)로 건축하고, 건축 승인을 받은 후에 주거용으로 불법 개조해 임대차 계약을 맺은 건물이 많다. 이를 흔히 '근생 빌라'라고 하는데 보통 1층은 상가, 2~4층은 주거용으로 지어진 건물이다. 건축물 대장을 보면 1층은 근린 생활 시설로 기재되어 있다. 건축 허가를 상가로 받은 뒤, 불법으로 주거용으로 사용하는 것인데, 이 상가에 거주하는 주거인이 경매로 진행될 때 주택임대차보호법에 의한 임차인으로 권리 신고를 하는 경우가 있다.

주택임대차보호법은 건물의 주 용도나, 등기 여부에 상관없이 실제 주거용으로 사용한다면 주거 임차인으로서 보호받을 수 있다. 권리 신고한 임차인은 주택임대차보호법의 적용을 받아 배당에 참여할 수 있다. 그러므로 명도에 대한 저항이 일반 주거용 건물과 다름이 없다.

다만 문제는 낙찰자에게 생긴다. 낙찰 후 상가로 지어졌으므로 소유권 이전 시 상가에 해당하는 취득세를 내야 하는데, 주거용 건물은 취득 시 1%의 취득세가 부과되지만, 상가는 4%의 취득세가 부가된다. 4배나 많은 것이다. 취득세에 부수적으로 부과되는 주민세도 덩달아 4배로 상승하게 된다.

얼마 차이 나지 않는 것 같은가? 2억 원짜리 건물을 매수했다고 생각해보자. 다른 것은 배제하고 취득세만 비교해보면 주거용 건물은 200만 원을 납부하면 되지만 상가는 800만 원을 납부해야 한다는 말이다.

또한 임차인을 들이려 하면 상가 건물이므로 이 건물에 전입하는 임차인은 은행에서 전세자금 대출이 되지 않는다. 오롯이 임차인이 보유한 자금으로 임차보증금을 만들어야 한다는 말이다.

다층으로 지어진 건물 중 1층이 경매로 진행된다면, 꼭 건축물 대장을 발급받아 근린 생활 시설로 기재되어 있는지 확인해야 한다. 해당 부동산의 단점을 감안해서 충분한 수익의 실현이 가능한지 여부를 따져본 후 입찰을 결정해야 한다.

Q 법원에 입찰하러 갔는데, 진행하지 않는대요

A "사건 번호 2017타경 12345번의 최고가 매수 신고인은 1억 2,000만 원에 입찰한 이○○ 씨입니다. 차순위 매수 신고하실 분 있으신가요?"

"……"

"차순위 매수 신고하실 분 없으면 사건 번호 2016타경 12345번은 1억 2,000만 원에 입찰하신 이○○ 씨가 최고가 매수 신고인임을 선언합니다."

이윽고 집행관이 다음 말을 이어간다.

"양○○ 씨 계신가요?"

"네, 전데요."

"입찰하신 사건 번호 2017타경 123456번은 오늘 진행하지 않는 사건입니다."

분명 집행관이 입찰서 제출 시작 전에 변경, 취하, 연기되어 당일에 진행하지 않는 사건 번호를 불러주는 것을 들었다. 정상적이라면 이런 물건들은 입찰서를 제출하지 않아야 맞다. 그런데 이렇게 공표했는데도 입찰서를 제출하는 사람들이 있다. 법원 경매는 공매와 달라서 법원에 직접 가서 입찰서를 제출해야 한다. 입찰서를 제출하는 날은 법원에서 하루를 거의 보내야 한다. 직장인들은 보통 연차를 내고 가는 경우가 많다. 그러므로 쓸데없이 시간과 경비를 허비하지 말아야 한다.

보통은 입찰 며칠 전에 변경이나 취하되는 경우가 많은데, 간혹 입찰 당일에 공지가 되는 경우도 있다. 진짜 드물게 아침에 집에서 변동된 내용이 없어서 입찰하러 갔는데 법원에 도착하니 변경된 경우도 있다. 이런 경우는 어쩔 수 없지만 입찰 당일 법원으로 출발하기 전에 변동된 내역이 없다면 웬만하면 바뀌는 경우가 없으니 헛걸음을 하지 않게 된다. 꼭 입찰하러 법원으로 출발하기 전에 대법원 경매 사이트나 유료 경매 사이트에 방문하여 변동된 사항이 있는지, 없는지 확인해보기 바란다.

Q 임차권 등기가 설정되었는데, 다른 임차인이 배당을 요구해요

A 임차인이 임대차 계약이 종료된 후 보증금을 반환받지 못한 경우에 법원에 임차권 등기 명령 신청을 하면 사실 관계 확인 후 임차권 등기 명령이 발령되고, 이를 등기부등본에 기입하게 된다. 해당 주거지에서 퇴거하는 경우에도 보증금을 반환받지 못하면 이때도 신청해야 임대차 보증금을 보호받을 수 있다. 주택임대차보호법으로 보호를 받으려면 점유를 필수 요소로 하는데, 마냥 반환받을 때까지 기다릴 수는 없으므로 임차권 등기를 기입한 후에 이사를 하면 된다.

결국 임차권 등기는 해당 주택에 보증금을 돌려받지 못한 임차인이 있다는 사실을 나타내는 것이다. 그러므로 임차권 등기 후 주택을 재임차한 임차인은 소액 보증금에 따른 최우선 변제의 대상에 해당되지 않는다. 만약 재임차한 사람에게 소액 보증금에 따른 최우선 변제권을 인정한다면 임차권 등기를 한 전 임차인에게 뜻하지 않은 손해가 갈 수도 있기 때문이다. 그리고 재임차한 사람은 등기부등본에 주택 임차권이 설정된 사실을 알 수 있어서 보호의 대상이 되지 못하는 것이다. 그러나 전입과 확정일자를 갖추었다면 순위에 따른 우선 변제권은 인정된다.

참고로 임차권 등기의 특징은 다음과 같다.

① 임차권 등기권자는 배당 요구를 하지 않아도 배당에 포함된다.

② 임대차 기간이 끝나야만 신청할 수 있다.

③ 미등기나 무허가 건물의 임차인은 신청할 수 없다.

④ 배당 순위는 대항력과 확정일자를 갖춘 날로 구분한다. 즉 최선순위일 경우 전액 배당되지 않으면 낙찰자가 인수해야 하고, 말소 기준 권리보다 대항력을 늦게 갖춘 경우 배당 후 소멸된다.

⑤ 경매 신청권은 없으나 소정의 법적 절차 후 강제 경매를 신청할 수 있다.

⑥ 임차권 등기의 효력은 임차권 등기를 마친 시점부터 발생하므로 임차권 등기 명령을 신청한 후 바로 다른 곳으로 이사 가거나 전출하여서는 안 되고, 그 이전에 반드시 등기가 완료된 사실을 확인하여야 한다.

Q 전기료, 가스비는 인수하지 않는다면서요?

A "아니, 여기 거주하던 사람이 미납한 요금을 왜 제가 내죠?"

"그건 모르겠고, 미납 요금이 해결되지 않으면 공급해드리지 못합니다."

초보 시절에 미납 가스 요금 100만 원을 요구하는 사장님과 장시간 협상 끝에 60만 원을 대신 납부하고 마무리 지은 일이 있었다. 미납 관리비 중 공용 부분은 낙찰자가 해결해야 하고, 전용 부분은 납부하지 않아도 된다고 보통 말한다. 그러나 이는 법적으로 이렇게 생각하는 것이 편하다는 이야기이지, 현실은 다른 경우도 있다.

전기는 한국전력공사에서 공급하지만 도시 가스는 각 지역별로 공급하는 업체가 다르다. 가끔 한 동짜리 아파트나 외진 곳은 개인 회사에서 공급하는 경우도 종종 있는데, 전 소유자의 미납 요금이라 해도 처리해주지 않을 때가 있다. 미납 요금을 해결해주기 전에는 가스를 연결해 줄 수 없다는 대답만 한다. 이럴 때는 어쩔 수 없이 낙찰자가 해결해야 하므로 점유자가 있다면 해결하고 나가도록 해야 한다.

Q 보일러를
떼어갔어요

A 가끔 명도를 마치고 집에 들어가 보면 황당한 경우가 있다. 한번은 현관문의 디지털 도어락을 가져가고 빈 구멍을 신문으로 막아 놓은 경우를 보았는데, 주변 사람들의 얘기를 들어보면 보일러를 떼어 간다거나, 베란다 유리를 깨놓거나, 일부러 싱크대를 부셔 놓고 나가는 사람도 있다고 한다. 베란다 섀시나 싱크대, 보일러 등은 주택의 부속물로 보아 민사집행법에서는 경매로 낙찰 시 당연히 낙찰자가 소유권을 취득하는 것으로 본다.

그러므로 점유자가 훼손한다거나 분리해서 가지고 가면 안 되는 것이다. 다만 명도 협상 과정이 원만치 않았거나 점유자의 욕심으로 훼손하거나 가져가는 경우가 있는데, 이는 형법으로 처벌받을 수 있는 행동이지만 사고가 터진 후에 조치를 취해보아야 시간과 경비만 낭비될 뿐이다.

그러므로 명도 협상 과정에서 이를 상기시키는 것이 좋다. 나는 명도 협의 시 합의서나 이행 각서를 되도록 작성하는데 이때 합의 내용에 이를 명시하는 것이 좋다. 그렇게 해야 점유자가 나중에 딴 마음을 갖지 않는다. 만약 이사 비용도 지급하지 않고, 특별히 합의서도 작성하지 않는다면 구두로라도 얘기하고 확답을 받아두는 것이 좋다.

합의 및 이행 각서

성명 :

주민등록번호 :

주소 :

    귀상기 본인은   를 점유하고 있는 자로서 전 소유자인   과 임대차 계약에 의하여 현재까지 살고 있습니다.   를   년   월   일까지 낙찰자인   에게 자진하여 명도하여 줄 것임을 약속하며, 만일 위 기일까지도 자진하여 명도를 아니할 경우   년   월   일부터 명도 시까지 매월 월   만 원의 임료와 법적 조치 비용(소송 비용 및 집행 비용)을 낙찰자인   에게 지불할 것임을 확약하며, 건물에 부착된 전등, 싱크대 등 부착물과 시설물은 현 상태로 두고 전기, 가스, 상ㆍ하수도 등의 공공요금 역시 이사일까지 정산 후 이사할 것을 약속합니다.

년   월   일

위 각서인 세입자 인

위 내용 및 부동산 업무에 성실히 협조할 경우 배당금 수령용 명도 확인서 발부 및 (금액)을 이사비로 지급할 것을 약속합니다.

년   월   일

위 각서인 세입자 인

에필로그

배우고 꾸준히 도전하는 사람이 되자

한 형제가 있었다. 형은 악명 높은 조직 폭력배였고, 동생은 유명한 변호사였다. 같은 부모를 둔 친형제가 어떻게 전혀 다른 길을 걷게 된 것일까? 궁금한 기자가 형제에게 물었다.

기자 : 왜 조직 폭력배가 된 것이죠?

형 : 어릴 때 아버지는 항상 술에 취해 있었고 매일 어머니와 우리 형제를 때렸습니다. 그러니 항상 집에 들어가기도 싫었고 반항심으로 가득했죠. 그런 부모에게서 무얼 배웠겠습니까?

기자 : 왜 변호사가 될 생각을 하셨죠?

동생 : 어릴 때 아버지는 항상 술에 취해 있었고 매일 어머니와 우리 형제를 때

렸습니다. 그래서 저는 절대 아버지처럼 살지 말아야지 하고 다짐했습니다. 제 자식에게는 자랑스러운 아빠가 되어야겠다고 생각했습니다.

두 형제는 같은 부모에게 태어났고, 같은 환경에서 자랐지만 서로 선택한 길은 달랐다. 한 명은 사회적으로 인정받는 변호사가 된 반면, 한 명은 사회악이라 부르며 지탄의 대상인 조직 폭력배가 됐다. 이 이야기는 환경보다는 본인의 의지와 선택이 중요함을 보여준다.

우리 집안도 가난했으며, 나는 결코 평범하지 않은 어린 시절을 보냈다. 그러나 내 형제들은 모두 아내에게 좋은 남편, 아이들에게 좋은 아빠로 살기 위해 항상 노력하고 있으며, 가족들은 고맙게도 이런 형제들의 노력을 알아준다.

지금 이 책을 읽는 독자들은 경제적으로 여유로운 사람은 많지 않으리라 생각된다. 오히려 하루하루 오르는 물가에 지출되는 생활비의 증가를 염려하며 매일 힘겹게 살아가는 사람이 더 많을지도 모르겠다.

그러나 지금 자신의 처지는 현재의 상황일 뿐이다. 아직 많은 시간이 우리 앞에 놓여 있다. 미래에 어떤 모습이 되어 있을지는 지금 나의 선택과 행동의 결과로 달라질 것이다. 1년 만에 바뀌어 있을지 10년 만에 바뀌어 있을지는 모른다. 다만 자신의 의지와 노력에 따라 더 단축될 수도 있고 더 늦어질 수도 있다.

중요한 것은 포기하지 않고 꾸준히 노력하다 보면 분명 성공을 거둘 수 있다는 것이다. 꿈만 꾸면 꿈으로 끝나지만 꿈을 꾸고 행동으로 옮기면 현실이 될 수 있다는 사실을 잊지 말자. 미래에 성공한 자신의 멋진 모습을 상상해보자. 그리고 열심히 배우고 행동하자. 어느새 상상했던 모습이 현실이 되어 있을 것이다.

아울러 '부러워만하고 아무런 행동도 취하지 않는 사람', '배우기만 할 뿐 도전하지 않는 사람'이 되지 말고 '배우고 끊임없이 도전하는 사람'이 되길 바란다.

왜 나는 스피드옥션을 이용하는가

저자가 '스피드옥션'을 고집하는 이유!

경매를 하려면 낙찰도 받아야 하지만, 손품을 파는것이 더 중요합니다.
경매라는 전쟁터에서 손품을 팔기 위해서, 유료로 제공하는 경매정보사이트가
필수적입니다. 삽질 수백번보다, 포크레인 한번이 훨씬 효과적이기 때문입니다.
스피드옥션은 메인 경매정보 사이트 중에서 가장 경제적입니다.
합리적인 가격과 정확한 정보, 각종 추가정보를 제공하는 스피드옥션 이용을
권장합니다.

25만 회원이 함께하는 대한민국 대표 법원경매정보
스피드 옥션에서 전국 모든 경매 물건의
자세한 정보를 확인하세요!

스피드옥션 speedauction. co.kr

대한민국 대표 법원경매정보 스피드옥션
www.speedauction.co.kr

스피드옥션 무료이용쿠폰 이용방법

01 주소창에 www.speedauction.co.kr 또는 네이버에서 스피드옥션을 검색하여 들어오세요!

02 스피드옥션 메인페이지 우측상단이나 좌측 로그인박스내에 회원가입을 클릭하신후 회원가입을 완료하시고 로그인을 해주세요!

03 스피드옥션 로그인 후 맨 오른쪽 상단 요금결제 클릭 〉쿠폰/머니/알 충전 클릭 〉 도서내에 함께 제공하는 쿠폰번호를 입력해 주세요!

쿠폰 이용시 유의사항

- 본 쿠폰의 이용기간은 최초 쿠폰가입일로부터 31일입니다.
- 본 쿠폰의 유효기간은 2018년 12월 31일까지 유효합니다.
- 본 쿠폰은 계정당 1회만 사용 가능합니다.
- 경매검색 및 기타 서비스 중 일부 유료 서비스는 제외됩니다.
www.speedauction.co.kr

회원가입 및 문의전화
02-2026-7101

스피드옥션 제휴 부동산경매관련 카페 / 교육원 모집

○ 스피드옥션 스마트하게 이용하기! 모바일 스피드옥션 오픈!!

제휴 부동산 경매 교육원 모집
 : 교육생 무료이용 및 결제시 할인혜택 제공
 : 교육용 무료이용 ID 제공(최대 2개까지 제공)
 : 교육생 모집시 스피드옥션 홈페이지에 모집광고 제공

❯ 문의전화
02-2026-7104
담당자 : 송재근 이사

- 고객님의 스마트폰에서 웹브라우저를 킵니다.
- 주소창에 m.speedauction.co.kr 입력하시거나
- 네이버에서 스피드옥션 검색후 모바일 페이지를 선택
- 모바일에 최적화된 스피드옥션을 기분좋게 이용!!
  (모바일 스피드옥션은 인터넷 웹사이트에서 결제하신 후 사용하실 수 있습니다.)